教育工学選書Ⅱ

協調学習とCSCL

日本教育工学会 監修
加藤 浩・望月俊男 編著

ミネルヴァ書房

協調学習と CSCL

目 次

第1部 協調学習

第1章 協調学習と CSCL……2
  1.1 はじめに……2
  1.2 CSCL とは……3
  1.3 協調学習と協同学習……5
  1.4 CSCL 小史……7
  1.5 本書の構成と位置づけ……10

第2章 協調学習の技法……16
  2.1 学習者が活動方法を決める2つの PBL……16
  2.2 プロジェクト型学習……18
  2.3 問題基盤型学習……22
  2.4 教師が活動をデザインする協調学習……27
  2.5 ジグソー学習法の誕生……29
  2.6 相互教授法と FCL プロジェクト……31
  2.7 知識構成型ジグソー法……36
  2.8 成果を引き出す協調学習技法の組み合わせ……42

第3章　協調学習の評価・分析へのアプローチ ················· 46

 3.1　評価へのアプローチ ··· 47

 3.2　分析へのアプローチ ··· 56

 3.3　協調学習の分析・評価の今後 ································· 75

第2部　協調学習の支援

第4章　インタラクションの支援——相互行為支援の立場から ············· 84

 4.1　協調学習と相互行為リソースとしての身体 ············· 84

 4.2　会話分析における身体 ··· 86

 4.3　身体と人工物デザイン ··· 89

 4.4　相互行為支援の実例 ··· 90

 4.5　活動に埋め込まれた相互行為 ································ 107

第5章　議論の支援 ·· 112

 5.1　協調学習と議論 ·· 112

 5.2　協調的議論の学習効果 ··· 113

 5.3　協調的議論支援の原則と協調的議論支援のためのテクノロジの
   デザイン指針 ··· 119

 5.4　テクノロジを利用した協調的議論支援の事例 ············ 122

 5.5　協調学習における議論支援の展望 ·························· 135

第6章　学習のためのコミュニティのデザイン ···················· 139

 6.1　コミュニティと学習 ·· 139

 6.2　コミュニティの発達 ·· 143

6.3 コミュニティ構築のデザインと教育改革 …………………………… 149
6.4 日本教育工学会におけるコミュニティに関わる研究事例…………… 158
6.5 今後に向けて ……………………………………………………… 163

第7章 協調学習を支援するテクノロジ …………………………… 169
7.1 協調学習基盤と標準化 …………………………………………… 170
7.2 モバイル協調学習環境 …………………………………………… 179
7.3 協調学習を支える AI 技術 ………………………………………… 188

人名索引／事項索引

第1部
協調学習

第1章

協調学習とCSCL

加藤　浩・望月俊男

1.1　はじめに

　近年，学習者の小グループを作り，互いに協力して問題解決に取り組ませるような形態の学習方法が，協調学習と呼ばれて注目されている．もちろん小グループによる学習法は，わが国では1907（明治40）年ごろの及川平治の「分団式動的教育法」を嚆矢として（中野 1959），すでに広く普及している教育方法であり，それ自体が目新しいことではない．しかし，いま改めて協調学習が脚光を浴びている背景には，主に2つの理由が考えられる．

　第一に教育に対する社会のニーズの変化が挙げられる．急速な情報化社会の進展によって，百科事典的な情報であればインターネットでどこにいてもすぐに取得可能になった．それにより，いわゆる「物知り」的な知性の価値は相対的に低下し，代わって，構造化されていない問題を解決する能力，情報を正しく活用・発信する能力，価値を創造する能力，他者と協力して相乗効果を上げる能力などの価値が高まった．社会がこれまでとは異なる能力を求めているのである．その具体例が「21世紀型スキル」[1]や，OECD（経済協力開発機構）の「キーコンピテンシー」である．このような能力を育成するのに，従来の知識伝達型の一斉授業だけでは限界があると考えられ，それを補完する効果的な手段の一つとして協調学習が期待されている．

　第二には，学習観の変化が挙げられる．詳しくは1.4節で述べるが，近年，学習を社会的な過程として捉える見方が広がってきている．ただし，それにも（個人の）知識構築過程における他者との相互作用を重視するという保守的な立場から，学習という事態そのものが社会的に構築される現象であると考えるラディカルな立場まで幅がある．しかし，いずれの立場にせよ，学習の過程に

社会的相互作用を積極的に導入しようという気運を高める要因となっている。以前のグループ学習は，一斉授業の弊害を軽減し，個に応じた教育を行うことが目的であった (ibid.)。しかし，新しい学習観によって，協調的な活動それ自体が人間にとって自然な学習のあり方であるとみなされるようになってきた。保守的な立場をとれば，他者のアドバイスや手助けを受けたり，他者に説明したりすることが個人の学習を促進すると考えられるし，ラディカルな立場をとれば，学習は本質的に社会・文化的なものなのであるから，あらゆる学習は協調学習なのであって，一人でこつこつと勉強している場面でさえも，学習者が関わるコミュニティ（共同体）の文化的実践の一部分であると捉えられる。

　学習の焦点が個人からコミュニティへと移るにつれて，グループ学習においても，個の学習からコミュニティとしての学習という視点へと変化しつつある。すなわち，個々人が同じ体験を共有することで，全員が同じ能力・スキルを身につけることを目標とするのではなく，コミュニティで共有している目標のために，個々人が自発的に分業を行い，異なる体験をして，結果として異なる能力・スキルを伸ばすことになるのを積極的に認める立場が現れてきた。それは同一の能力・スキルを一様に評価しようとする従来の教育評価に見直しを迫ることにもなる。

　本書では協調学習とその支援システムをテーマとし，協調学習の理論，具体的な技法と支援システム，そして，協調学習の分析と評価について述べている。協調学習の理論と教育実践は，教育工学や認知科学の隣接分野として近年注目されている「学習科学」と重なる部分が多い。そこで，本シリーズの『学びのデザイン：学習科学』の巻とは事前に調整の上，内容を分担したので，学習科学の巻は姉妹巻として併せて読んでいただきたい。

1.2　CSCL とは

　CSCL とは Computer Supported Collaborative Learning [2] の略語であり，コンピュータを利用した協調学習の教育実践，およびそのための支援システムを意味する。

　協調学習とは Collaborative Learning の訳語のひとつで，他に協働学習と訳

されることもある。ディレンボーグ（Dillenbourg 1999）によれば，Collaborative Learning を定義することは，「それぞれの学問領域間はもとより，内部でも広範な種類の用法がある」ため難しいが，少なくとも「二人以上の人が一緒に何かを学んだり，学ぼうとしたりするという状況」であるといえる。その際，対面／遠隔の別は問わない。しかし，これでは不十分なので①"Collaborative"な状況の特徴として，参加者がだいたい同じレベルで，同じ行動ができ，共通の目標をもち，一緒に作業をすること，②"Collaborative"な相互行為（interaction）の特徴として，作業過程での相互行為，同期コミュニケーション，交渉（negotiation）が可能であること，の2点を挙げている（ibid.）。ただし，当時と比べて情報環境が飛躍的に良くなり，非同期コミュニケーションもアクセス容易になったことから，現在は非同期コミュニケーションであっても協調学習とみなす方が一般的である。

　CSCL の目的はいうまでもなく協調学習の支援である。したがって，そこでのコンピュータの役割は教師の代替ではなく，文化的・社会的な活動の支援である。具体的には，コミュニティの形成・維持・再生産への寄与，文化的実践へのアクセス手段の提供，文化的実践のためのリソースの提供，文化的実践の分業・共有の支援，メンバー間の社会的相互作用の活性化，学習者の活動・理解の文脈の拡張のきっかけ作り，他のコミュニティとの交流の支援など（加藤・鈴木 2001）である。

　この背景には，1980年代後半から勃興してきた状況論的学習論（以下，状況論）という学習観の登場がある。状況論においては，学習を頭の中への知識の蓄積ではなく，さまざまな場所に分散している知的リソースや，周囲のアーティファクト（人工物）を活用しながら，他者との相互作用をとおしてコミュニティ（共同体）に参加し，そこで意味のある文化的実践を行うようになる過程として捉える。意味のある文化的実践とは，科学の分野であれば，新しい知識を見出すような文化的実践もあるだろうし，何らかの文化的実践（ダンスや美術などの表現活動，仕事までも含む）であっても，そのコミュニティの中で価値のあるものとして認められるように行えれば，十分意味のある文化的実践となりうる。この考え方のもとでは，学習支援は，「（コミュニティに参加する）複数人で協調しながら，知的有能さを発揮できる」ようにする支援として

捉えられる．折しも1990年代前半からコンピュータ・ネットワークが急速な技術的発展をとげ，また隣接領域の CSCW（Computer Support for Cooperative Work）ではグループによる協調作業をコンピュータ・ネットワークにより支援する研究が進んでいた．そうした背景のもと，コンピュータを利用して対面／遠隔の両面で，コミュニティベースの学習や教育実践を支援するための研究開発が行われるようになったのである．

1.3 協調学習と協同学習

　Collaborative Learning と類似した概念に Cooperative Learning がある．こちらの方は協同学習や共同学習と訳されることが多い．Cooperative Learning の定義の一つは「学習者が共に作業して自分自身とお互いの学習を最大化することができるように小グループを教育的に利用すること」（Johnson & Johnson 1994）である．結局，小グループで学習するという点では共通しており，その違いは判然としない．

　協調学習と協同学習の違いについては諸説ある．ディレンボーグは，協同は課題が個人に割り当てられ，個々に解決した結果を集積して最終成果とすること，協調は共に課題に取り組むこととしており（Dillenbourg 1999），ロシェルら（Roschelle & Teasley 1995）やシュタールら（Stahl et al. 2006）の定義も同様である．しかし，協調学習においても，課題を分割して分業することは行われており，違いは分業過程におけるメンバー間の相互行為と教師の介入の程度の差でしかなく，この定義の峻別力はあまり高いとはいえない．

　マシューズら（Matthews et al. 1995）はそれぞれの学派の違いを次のように分析している．協同学習派には初等教育への応用を意図した教育心理学者・社会心理学者・社会学者が多く，協同学習と他の教育形態との比較に研究関心が強く，実用への志向がある．協同学習はより構造化されている傾向があり，教育実践者へのアドバイスはより詳細で，グループが機能するためには直接的な教示も厭わない．これに対して，協調学習派には人類学者や社会科学者が多く，知識の社会構成的性質やクラスの権力関係などの理論的・政治的・哲学的問題を探求する傾向がある．さらに多くが協調学習実践とフェミニズム教育学とを

強く結びつけることに関心がある。協調学習実践者は学習者を，タスクを実行するための社会的技能を備えた責任能力のある参加者と見る傾向があるため，社会的技能や役割についての教示をすることは比較的少なく，より非構造的なリフレクションを行わせる。

パニッツ（Panitz 1999）の立場もこれに近く，協同学習は人々が目標を達成するために相互行為を行うのを助ける作業過程（process）を集めたもので，教育的で教師中心的なアプローチであるのに対して，協調学習は教室におけるテクニックというよりは，集団を取り扱うときの拠り所となる個人的な考え方（philosophy）で，学習者中心的アプローチであるという。

その一方で，オドネルら（O'Donnell & Hmelo-Silver 2013）は，ダモンら（Damon & Phelps 1989）の協調学習の方が相互の関与の度合いがより高いという説を紹介しながらも，それは一つの見方に過ぎないとして，彼らの本では両者を区別しないという方針を取っている。

わが国においては，関田ら（関田・安永 2005）が，Collaborative Learning と Cooperative Learning の訳語が統一されていないばかりか，混同がみられることを指摘し，協同学習では課題の理解のみならず，協同の意義や技能の学びがもともと目指されている点が協調学習とは異なるとして，「グループ学習⊃協調学習⊃協同学習」という包含関係を提案している。坂本（2008）も関田らと同様に訳語の混乱を指摘し，語源から考えれば Collaborative Learning は協働学習という訳語をあてるべきであると主張している。

それでは，実際の学術文献ではどう使われているだろうか。日本語の学術文献をほぼ網羅している CiNii[3]で「共同学習」「共働学習」「協同学習」「協働学習」「協調学習」それぞれをキーワードにして文献を検索し，その発表年を横軸に，各キーワードで検索された論文の累積文献数を縦軸にしてプロットした図を図1-1に示す。なお，「共働学習」は2件しかなかったので省略した。

これをみると歴史的には「共同学習」が長らく用いられてきたが，1995年ごろから「協同学習」と「協調学習」関連の学術文献が急速に増加し，現在は「協働学習」よりも「協調学習」の方が，また，「共同学習」よりも「協同学習」の方が好まれていることがわかる。ただし，前述の関田らや坂本の指摘にあるように，これまでの学術文献の中で協調学習と協同学習がどの程度意識的

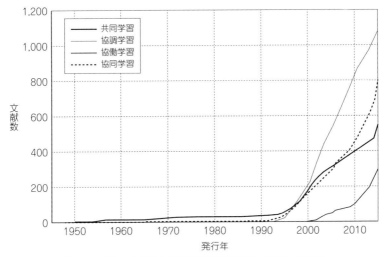

図 1-1　「きょうどう」学習関連学術文献数（累積）の推移

に使い分けられているかは不明である。

1.4　CSCL 小史

　コンピュータを情報処理教育以外の教育に活用しようという試みは，米国がスプートニックショックによって科学技術教育振興政策をとったことに後押しされて始まった。1958年にコンピュータ利用教育に関する初の会議がペンシルベニア大学で開催され，そこで IBM が教育システムの実験結果を発表したのがその始まりとされている（Meer 2003）。初期のコンピュータ利用教育は，行動主義的学習理論に基づく個別教育を目的としたシステムで，CAI (Computer Assisted Instruction)[(4)] と呼ばれた。その後，CAI は人工知能技術を応用して柔軟な相互対話を可能にした知的 CAI (Intelligent Tutoring System：ITS) へと発展した。その一方で，学習者に受動的な立場を強いる行動主義的学習理論への反発から，学習者の主体的な発見を重んじる認知的構成主義学習理論が支持され Logo (Papert 1980) に代表されるようなマイクロワールド／シミュレーション型の教育システムが作られるようになった。

　コシュマン（Koschmann 1996, 2001）はこの間の教育技術のパラダイム変化

を①CAI パラダイム，②ITS パラダイム，③Logo-as-Latin パラダイムの 3 つのパラダイムにまとめている。Logo-as-Latin は，代表的なマイクロワールド型教育システムである Logo というプログラミング環境で学習をすることが，学習者にプログラミングを超えた認知的能力向上をもたらすと信じられたことが，ラテン語の形式陶冶の思想と相通ずるところがあることにちなんでいる。これに対して，加藤ら（加藤・鈴木 2004）の捉え方は少し異なり，CAI の中にはスモールステップの教材で即時強化を行うプログラム学習（Skinner 1965）的な教材もあれば，比較的大きな学習単位での知識教授を目指している表象主義的な教材もあるとして，CAI パラダイムを「行動主義的学習観：ドリル型 CAI」と「表象主義的学習観：チュートリアル型 CAI」の 2 つに分け，さらに，ITS パラダイムの根幹は表象主義であるとして後者の表象主義的学習観に含めている。いずれにせよ，ここまでのコンピュータ利用教育は，学習は学習者個人の"中で"生起するという考えに基づいた個別教育を目指したものであった。

　それに対して，1980年代後半から学習の社会・文化・歴史性を重視する気運が高まってきた。その背景には，1980年代の第二次 AI ブームをとおして個の知識に基づくアプローチの限界が明らかになってきたことや，知的 CAI 研究が実用的な成果を生み出せなかったことなどによる閉塞感に対する反動もあったと思われる。実際，知的 CAI 分野の高名な研究者であったブラウン（J. S. Brown），コリンズ（A. M. Collins），グリーノ（J. G. Greeno），ウェンガー（E. Wenger）[5]らは，この時期，研究パラダイムを状況論へと転向した。

　コシュマン（Koschmann 1996）は，CSCL の理論的源流に，①ピアジェ（J. Piaget）の認知的構成主義から発展して社会的文脈を重視するようになった構成主義（constructivism）[6]，②カリフォルニア大サンディエゴ校の LCHC（The Laboratory of Comparative Human Cognition）を拠点とする，ヴィゴツキー（L. S. Vygotsky）を始祖として活動理論へと続くソヴィエト社会歴史理論，③サンフランシスコ・ベイエリア地区のさまざまな領域の研究者のネットワークから生まれたムーブメントである状況論（上野 2006）を挙げている[7]。

　これらの影響は1990年ごろの一連の会議において会同し始めた（Koschmann 2001）。1983年に協同的問題解決とマイコンをテーマとしたワークショップが

サンディエゴで開催されたのを皮切りに，1989年に NATO 主催で初の"CSCL" を冠したワークショップがイタリアのマラテアで開催された（Stahl et al. 2006)。最初の本格的な国際会議は1995年秋にインディアナ大学で開かれ，それ以降，少なくとも2年に1度は開催されており，2003年以降は国際学習科学会（International Society of the Learning Sciences）が主催するようになり，ICLS（International Conferences of the Learning Sciences）と交互に隔年開催されている。2006年には論文誌 *International Journal of Computer-Supported Collaborative Learning* が刊行された。

わが国では，1990年ごろから当時国立教育研究所にいた上野直樹（上野 2006）を中心として状況論周辺の文献の勉強会が集中的に開かれ，日本教育心理学会を皮切りに研究発表も始まった。1991年6月には『現代思想』（青土社）で「教育に何ができるか：状況論的アプローチ」という特集が組まれて状況論がわが国で認知されるきっかけになった。教育工学分野では1992年に電子情報通信学会教育工学研究会において加藤ら（1992）によって紹介されたのが始まりである。その後，研究発表の中心は日本認知科学会に移り，1994年3月末には佐伯胖を分科会長に「教育環境のデザイン」研究分科会が発足して定期的に研究会を実施するようになった。

焦点を CSCL に絞ると，シュタールら（Stahl et al. 2006）は先駆的なプロジェクトとして，①ギャローデッド大学の ENFI（Electronic Networks for Instruction）プロジェクト（Bruce et al. 1993；Gruber et al. 1994），②トロント大学の CSILE（Computer Supported Intentional Learning Environments）プロジェクト[8]（Scardamalia et al. 1989），③前述の LCHC の the Fifth Dimension プロジェクト（Nicolopoulou & Cole 1996），の3つを挙げている。これらは読み書きに焦点を当てており，より良く作文・読解ができるようにするためにネットワーク上でコミュニケーションをさせていた。それが次第に科学教育の実践的教育に展開するようになった。本邦では，静岡大学の大島純らが神戸大学の稲垣成哲らと協同して，CSILE（のちに Knowledge Forum）を用いて長年にわたって教育実践研究を展開した（大島 2004；村山 2010）。また，同様のネットワークを介したコミュニケーション支援システムの開発や教育実践研究は日本教育工学会や周辺学会でもさかんに行われ，対象範囲も科学教育や高等教育などに展開

した．システム開発研究としては余田（1993）が中心となって開発したスタディノートのほか，谷川ら（1999）の学級新聞協同作成支援システム，益川（1999）の ReCoNote，中原ら（2000）の Teacher Episode Tank，西森ら（2001）の rTable，安達ら（2003）のこあっと等が，わが国における黎明期の CSCL システムと言えよう．また人工知能によるコミュニケーション支援の研究が CSCW の研究成果を土台として研究が進められた（たとえば，岡本・稲葉・柳場（1996）など）．教育実践としても FirstClass 等の電子掲示板システムを使った教育実践が多数行われた（新谷・内村 1996；美馬 1997；田口ほか 2000；尾澤ほか 2002；鈴木ほか 2002；山内 2003 など）．

　こうしたネットワークを介したコミュニケーション支援だけではなく，特にシミュレーション型の CAI において，その画面を共同注視する学習者の会話をデザインして概念的理解を促すという新たなデザイン原則，すなわち「会話のための人工物」（conversational artifact）（Pea et al. 1991）や「媒介の道具」（mediational tool）（Roschelle 1990）というコンセプトを提案したピー（R. Pea）やロシェル（J. Roschelle）らの方向性もある．

　わが国でロシェルらと方向性を同じくする先駆的な研究としてはタンジブルなプログラミング言語であるアルゴブロック[9]（鹿毛ほか 1997；鈴木・加藤 2001）が挙げられる．また，その他の先駆的研究としては，CSCL 1995 で発表された，対戦ゲームという社会状況を設定して学習を促進するアルゴアリーナ[10]（加藤・鈴木 2001）や，遠隔会議システムで教示を行う際の視聴覚リソースの配置の問題を，相互行為分析をとおして論じた山崎らの身体メタファーの研究（山崎ほか 2003），電子掲示板上の議論内容を可視化して学習者に形成的評価をさせ，議論への参画のしかたを見直させる i-Bee[11]（望月ほか 2005）などが挙げられる．

　近年ではこうした成果の蓄積が進んでおり，日本教育工学会論文誌でも特集号「協調学習とネットワークコミュニティ」が組まれている（2009年度）．

1.5　本書の構成と位置づけ

　これまで述べてきたように，協調学習と CSCL は，情報科学・認知科学・

教育工学・学習科学など多様な領域からアプローチがなされている．特に，前述のように欧米では協調学習および CSCL は国際学習科学会が主催する国際会議や論文誌を中心に研究が進められており，協調学習自体が学習科学で取られる一般的な学習方法ともなっている．そこで，頭書に述べたとおり，教育工学選書シリーズで学習科学を中心としたアプローチでまとめられる『学びのデザイン：学習科学』とは調整の上，次のような方針をとることとした．

『学びのデザイン：学習科学』では，主に認知科学・学習科学を中心とした成果である学習理論を中心に，その成果を応用した教育実践研究や学習環境デザインを通した学習科学の取り組みの全体像をまとめている．

それに対して，本書では，教育工学のアプローチでの教育実践および研究の方法論として，協調学習活動の支援技法（第2章）とその分析・評価の方法論（第3章）を前半でまとめている．また，後半では特に協調学習支援のためにこれまでに様々なテクノロジを活用して進められた研究を，学習者と他者および人工物とのインタラクション支援（第4章）や議論の支援（第5章），コミュニティ構築の支援（第6章）などの側面からまとめている．第7章では主に技術的側面からみてこれから発展が期待される協調学習基盤の標準化や，モバイル・ユビキタス技術の活用，人工知能技術の活用などについて，現状と展望をまとめている．これらは近年の諸外国の研究動向とともに，日本教育工学会を中心に，これまでわが国でなされてきた研究も紹介しながらまとめるようにした．

注
(1) 本シリーズの『学びのデザイン：学習科学』の巻を参照．
(2) 初期には Computer Support for Collaborative Learning があてられていたこともある．CSCL の国際会議では第1回（1995）〜第5回（2003）までは "Support for" を，第6回（2005）以降は "Supported" を用いている．
(3) 国立情報学研究所が提供している学術情報検索サービス．http://ci.nii.ac.jp/
(4) その他に Computer Assisted/Aided/Based Instruction/Learning（CAL CBI CBL）などとも呼ばれるが，CAI はそれらを包括する最も一般的な呼称である．
(5) ウェンガーはむしろ実践共同体論（Wenger 1999, 2002）や正統的周辺参加論（Lave & Wenger 1991）で知られているが，最初の著作は知的 CAI システムに関する本（Wenger 1987）であった．

(6) コシュマンは constructivism を新ピアジェ派の系譜に位置づけている．それとは別に，社会学の系譜に位置づく constructionism もまた寄与があったとして，脚注で述べている．
(7) その後の論文（Koschmann 2001）では，上記に新ピアジェ派の社会認知的葛藤理論，バンデューラ（A. Bandura）の観察学習，バフチン（M. Bakhtin）の対話理論，ハッチンス（E. Hutchins）の分散認知理論を加えている．
(8) 後に発展的に Knowledge Forum という名称に変わった．これに関しては第5章で紹介する．
(9) これに関しては第4章で紹介する．
(10) これに関しては第6章で紹介する．
(11) これに関しては第5章で紹介する．

参考文献

安達一寿・綿井雅康・中尾茂子・石出勉（2003）「総合的な課題演習を支援するグループウェアの機能評価と有効性の分析」『日本教育工学雑誌』27(2)：191-206．

Bruce, B. C., Peyton, J. K., & Batson, T. (1993) *Network-Based Classrooms: Promises and Realities*, Cambridge: Cambridge University Press.

Damon, W., & Phelps, E. (1989) "Critical distinctions among three approaches to peer education," *International Journal of Educational Research*, 13(1): 9-19.

Dillenbourg, P. (1999) "What do you mean by collaborative learning?" P. Dillenbourg (Ed.), *Cognitive and Computational Approaches*, Oxford: Elsevier.

Gruber, S., Peyton, J., & Bruce, B. (1994) "Collaborative writing in multiple discourse contexts," *Computer Supported Cooperative Work (CSCW)*, 3(3-4): 247-269.

Johnson, D. W., & Johnson, R. T. (1994) "An Overview of Cooperative Learning," J. Thousand, R. Villa, & A. Nevin (Eds.) *Creativity and Collaborative Learning*, Baltimore: Brookes Press.

鹿毛雅治・加藤浩・落合健一・岩沢透・鈴木栄幸・井出有紀子（1997）「協同学習を支援するメディアの特質に関する研究」『日本教育工学雑誌』21(2)：93-105．

加藤浩・鈴木栄幸（2001）「協同学習環境のための社会的デザイン――アルゴアリーナの設計思想と評価」加藤浩・有元典文（編）『認知的道具のデザイン』金子書房．

加藤浩・鈴木栄幸（2004）「学校・教育工学・CSCL――コンピュータを通した協同の学び」山崎敬一（編）『実践エスノメソドロジー入門』有斐閣．

加藤浩・鈴木栄幸・井出有紀子（1992）「状況論的教育を支援する教育メディア：コンピュータ利用教育のガイドライン」『電子情報通信学会技術報告』ET92-97, 92(375)：87-94．

Koschmann, T. (1996) "Paradigm shifts and instructional technology: An introducation," T. Koschmann (Ed.) *CSCL: Theory and practice of an emerging paradigm*, Lawrence Erlbaum.

Koschmann, T. (2001) "Revisiting the Paradigms of Instructional Technology," Paper presented at the the Annual Conference of the Australasian Society for Computers in

Learning in Tertiary Education (ASCILITE 2001)
http://www.ascilite.org.au/conferences/melbourne01/pdf/papers/koschmannt.pdf（参照日：2015年9月20日）

Lave, J., & Wenger, E. (1991) *Situated Learning : Legitimate Peripheral Participation*, Cambridge University Press. (J. レイヴ・E. ウェンガー（著），佐伯胖（訳）(1993)『状況に埋め込まれた学習——正統的周辺参加』産業図書．)

益川弘如（1999）「協調学習支援ノートシステム「ReCoNote」が持つ相互リンク機能の効果」『日本教育工学雑誌』23(2)：89-98．

Matthews, R. S., Cooper, J. L., Davidson, N., & Hawkes, P. (1995) "Building Bridges Between Cooperative and Collaborative Learning," *Change*, 27(4)：35-40．

Meer, E. V. (2003) "PLATO : From Computer-Based Education to Corporate Social Responsibility," *Iterations : An Interdisciplinary Journal of Software History*：2. http://www.cbi.umn.edu/iterations/vanmeer.html（参照日：2015年9月20日）

美馬のゆり（1997）『不思議缶ネットワークの子どもたち』ジャストシステム．

望月俊男・久松慎一・八重樫文・永田智子・藤谷哲・中原淳・西森年寿・鈴木真理子・加藤浩（2005）「電子会議室における議論内容とプロセスを可視化するソフトウェアの開発と評価」『日本教育工学会論文誌』29(1)：23-33．

村山功（2010）「協調学習に対するデザイン実験アプローチ——小学校における長期的な実践研究からの知見」『科学教育研究』34(2)：61-70．

中原淳・西森年寿・杉本圭優・堀田龍也・永岡慶三（2000）「教師の学習共同体としてのCSCL 環境の開発と質的評価」『日本教育工学雑誌』24(3)：161-171．

中野佐三（1959）「分団学習」『教育心理学研究』7(3)：46-54．

Nicolopoulou, A., & Cole, M. (1996) "Generation and Transmission of Shared Knowledge in the Culture of Collaborative Learning : The Fifth Dimension, Its Play-World and Its Institutional Contexts," E. A. Forman, N. Minick, & A. A. Stone (Eds.) *Contexts for Learning : Sociocultural Dynamics in Children's Development*, Oxford University Press.

西森年寿・中原淳・杉本圭優・浦嶋憲明・荒地美和・永岡慶三（2001）「遠隔教育における役割を導入した討論を支援する CSCL の開発と評価」『日本教育工学雑誌』25(2)：103-114．

O'Donnell, A. M., & Hmelo-Silver, C. E. (2013) "What is Collavorative Learning? : An Overview," C. E. Hmelo-Silver, C. A. Chinn, C. K. K. Chan, & A. M. O'Donnell (Eds.) *The International Handbook of Collaborative Learning*, Routledge.

岡本敏雄・稲葉晶子・柵場泰孝（1996）「分散環境におけるグループ学習支援のための汎用フレームワークの研究」『日本教育工学雑誌』20(2)：109-122．

大島純（2004）「学習環境を総合的デザインする」波多野誼余夫・大浦容子・大島純（編）『学習科学』放送大学教育振興会．

尾澤重知・佐藤綾子・村上正行・望月俊男・國藤進（2002）「学習者構成型授業における学習環境デザインの特徴と構造——電子掲示板を用いた遠隔間合同ゼミにおける合同合宿

のプランニングの分析」『日本教育工学雑誌』26(3)：143-154.
Panitz, T. (1999) *Collaborative versus Cooperative Learning : A Comparison of the Two Concepts Which Will Help Us Understand the Underlying Nature of Interactive Learning.* (*Opinion Papers*), (ED448443). from ERIC.
http://files.eric.ed.gov/fulltext/ED448443.pdf（参照日：2015年9月20日）
Papert, S. (1980) *Mindstorm : Children, Computers, and Poweful Ideas*, Basic Books Inc.（S. パパート（著），奥村佳世子（訳）(1995)『マインドストーム――子供，コンピューター，そして強力なアイデア』未来社．）
Pea, R. D., Sipusic, M., & Allen, S. (1991) "Seeing the light on optics : Classroom-based research and development for conceptual change," S. Strauss (Ed.) *Development and Learning Environments : Seventh Annual Workshop on Human Development*, Ablex.
Roschelle, J. (1990) "Designing for conversations," Paper presented at the AAAI Symposium on Knowledge-Based Environments for Learning and Teaching, Stanford, CA.
Roschelle, J., & Teasley, S. D. (1995) "The Construction of Shared Knowledge in Collaborative Problem Solving," C. O' Malley (Ed.) *Computer Supported Collaborative Learning*, Springer Verlag.
坂本旬（2008）「「協働学習」とは何か」『生涯学習とキャリアデザイン』5：49-57，法政大学キャリアデザイン学部．
Scardamalia, M., Bereiter, C., McLean, R. S., Swallow, J., & Woodruff, E. (1989) "Computer-Supported Intentional Learning Environments," *Journal of Educational Computing Research*, 5(4)：51-68.
関田一彦・安永悟（2005）「協同学習の定義と関連用語の整理」『協同と教育』1：10-17.
新谷隆・内村竹志（1996）『めでぃあきっずの冒険――インターネットによる教育実践の記録』NTT出版．
Skinner, B. F. (1965) "The technology of teaching," *Proceedings of the Royal Society of London. Series B, Containing papers of a Biological character*, Royal Society (Great Britain), 162 (989)：427.
Stahl, G., Koschmann, T., & Suthers, D. (2006, 2014) "Computer-supported collaborative learning : An historical perspective," R. K. Sawyer (Ed.) *The Cambridge Handbook of the Learning Sciences*, 2nd ed., Cambridge University Press.（G. シュタール・T. コシュマン・D. サザース（著）加藤浩（訳）(印刷中)「コンピューターに支援された協調学習」ソーヤー（編）森敏昭・秋田喜代美・大島純・白水始（監訳）『学習科学ハンドブック　第二版第2巻』北大路書房．）
菅井勝雄（1993）「教育工学――構成主義の「学習論」に出あう」『教育學研究』60：237-247.
鈴木栄幸・加藤浩（2001）「協同学習環境のためのインタフェースデザイン」加藤浩・有元典文（編）『認知的道具のデザイン』金子書房．
鈴木真理子・永田智子・中原淳・浦嶋憲明・今井靖・若林美里・森広浩一郎（2002）「電子掲示板を利用した協調的な知識構築過程の図式化による質的分析――高等教育の授業に

おける天文領域学習の事例」『日本教育工学雑誌』26(3):117-128.
田口真奈・村上正行・神藤貴昭・溝上慎一 (2000)「大学間合同ゼミにおけるインターネットの役割」『日本教育工学雑誌』24(suppl.):59-64.
谷川由紀子・鈴木栄幸・加藤浩 (1999)「情報共有技術を用いた学級新聞協同作成支援システム——設計思想と評価」『情報処理学会論文誌』40(11):3967-3976.
上野直樹 (2006)「ネットワークとしての状況論」上野直樹・ソーヤーりえこ (編)『文化と状況的学習——実践, 言語, 人工物へのアクセスのデザイン』凡人社.
Vygotsky, L. S. (1934) *Мышление и речь*. (L. S. ヴィゴツキー (著), 柴田義松 (訳) (2001)『思考と言語』(新訳版) 新読社.)
Wenger, E. (1987) *Artificial Intelligence and Tutoring Systems : Computational and Cognitive Approaches to the Communication of Knowledge*, Morgan Kaufmann Publishers, Inc. (E. ウェンガー (著), 岡本敏雄・溝口理一郎 (訳) (1990)『知的CAIシステム——知識の相互伝達への認知科学的アプローチ』オーム社.)
Wenger, E. (1999) *Communities of Practice : Learning, Meaning, and Identity*, Cambridge University Press.
Wenger, E. (2002) *Cultivating Communities of Practice : A Guide to Managing Knowledge*, Harvard Business School Press. (E. ウェンガー (著), 野村恭彦 (監修), 野中郁次郎 (解説), 櫻井祐子 (訳) (2002)『コミュニティ・オブ・プラクティス——ナレッジ社会の新たな知識形態の実践』翔泳社.)
山内祐平 (2003)「学校と専門家を結ぶ実践共同体のエスノグラフィー」『日本教育工学会論文誌』26(4):299-308.
山崎敬一・三樹弘之・葛岡英明・山崎晶子・加藤浩, 鈴木栄幸 (2003)「身体と相互性:ビデオコミュニケーション空間における身体の再構築」原田悦子 (編)『「使いやすさ」の認知科学——人とモノとの相互作用を考える』共立出版.
余田義彦 (1993)「学習情報の表現, 伝達, 蓄積を支援する学校用グループウェア studY-note の開発」『日本科学教育学会第17回年会講演論文集』51-52.

第 2 章

協調学習の技法

益川弘如・尾澤重知

　この章では，複数の協調学習技法を歴史的背景も踏まえながら具体的に紹介していく。章の前半では，学習者が活動方法を決めて進めていく協調学習技法である「プロジェクト型学習」(Project Based Learning) と「問題基盤型学習」(Problem Based Learning) を紹介し，章の後半では，教師が活動をデザインして進めていく協調学習技法である「ジグソー学習法」(Jigsaw Method) と「相互教授法」(Reciprocal Teaching)，またこれら実践の発展型である「FCL プロジェクト」と「知識構成型ジグソー法」を紹介する。

　あらかじめ教師が質の高い課題やシナリオを準備しておき，その課題を解決する過程をとおして，知識を構成しさらなる疑問や課題を発見していく「課題を解決し課題を発見する」タイプの協調学習技法と，解決する課題の発見を教師が促すことから始める「課題を発見し課題を解決する」タイプの協調学習技法に分けることができる。そしてとくに課題設定にこだわりがなく，汎用的な協調学習技法を「課題設定に規定なし」タイプとした。これらの軸をもとに分類整理したものを表 2-1 に示す。

2.1　学習者が活動方法を決める 2 つの PBL

　本章前半で紹介するプロジェクト型学習，問題基盤型学習は，いずれも学習者の主体性を重視する学習方法であり，グループ学習など協調学習の要素を含む点で共通点がある。両者ともに略称が PBL となり，混同されやすい。両者の区別を目指さない立場もあるが，本章では湯浅ら (2010) などに基づき Project Based Learning を「プロジェクト型学習」，Problem Based Learning を「問題基盤型学習」と表記する。両者の特徴や実際の事例を検討することで，

第2章 協調学習の技法

表2-1 本章で紹介する協調学習技法と位置づけ

	学習者が活動方法を決める	教師が活動をデザインする
課題を解決し課題を発見する	問題基盤型学習	知識構成型ジグソー法
課題を発見し課題を解決する	プロジェクト型学習	FCLプロジェクト
課題設定に規定なし	広義のグループ学習	ジグソー学習法（オリジナル）相互教授法

実践や研究活動においてこれらの知見を応用できるようにしたい。

どちらも多様な研究や実践があり，共通点も多い。相違点を強調すると，プロジェクト型学習では，学習者自身による問題発見や問題解決のプロセスが重視されている点に特徴がある。また，教室内だけでなく社会との連携も視野に入れられている。

一方，問題基盤型学習は，特定の分野において必要となる知識の習得や応用が目指されていることが多い。事例やシナリオを用いた活動と，グループ学習を支援するチュータ（テュータとも表記される）が置かれている点に特徴がある。高等教育の医学，歯学，看護，薬学教育の分野で特に普及しているが，これらの領域では，問題基盤型学習（PBL）とPBLチュートリアルは，ほぼ同義で使われている（日本薬学会 2011；鈴木 2014）。

歴史的にみると，プロジェクト型学習はとりわけデューイ（John Dewey）の学習論（1959）が基盤になっている。デューイは，学習を1. 問題への気づき，2. 問題の同定，3. 仮説の立案，4. 仮説の意味の推論，5. 仮説の検証という5つの段階で捉え，プロセス自体を学習と捉えた。プロジェクト型学習，問題基盤型学習ともに，学習を段階的に捉えている点は共通する。また，学習者の主体性を重視しており，共通の批判対象は一方的な知識伝達型授業である。批判の詳細を検討すると，問題基盤型学習では，基礎的な知識が現実に応用できないことや，知識の積み上げ型である系統的学習に対する批判が，プロジェクト型学習に比べて，相対的に多いようである。

表2-2にプロジェクト型学習と問題基盤型学習の大きな相違点を整理した。次節では，これらの違いも含めて検討しながら，それぞれの特徴を検討する。

表 2-2 プロジェクト型学習と問題基盤型学習の主な相違点

	プロジェクト型学習	問題基盤型学習
教員の役割	・プロジェクトの核となる「問い」（駆動質問；driving question）やテーマを学習者に提示する ・プロジェクト活動の遂行を促す	・学習者が解決すべき具体的な問題（problem）を，事例やシナリオをとおして提示する ・チュートリアルでの学習の支援
学　　生	・個人やグループで問題を設定し，発表や開発物の制作に取り組む	・問題を解決するために必要な知識の習得を図りながら，問題解決に取り組む
学習共同体	・教員，学習者同士による学習 ・社会との連携が視野に入れられることも多い	・教員，チュータ，学習者同士による学習
活動期間	・中長期的な活動を段階に分けて行うことが多い	・どちらかと言うと短期的な問題解決活動が繰り返されることが多い

2.2 プロジェクト型学習

2.2.1 プロジェクト型学習の特徴

　現在のプロジェクト型学習に大きな影響を与えた実践としては，デューイの弟子でもあったキルパトリック（William H. Kilpatrick）が考案した Project Method（プロジェクトメソッド）が挙げられる（Kilpatrick 1918）。プロジェクトメソッドでは，活動全体を「目標」「計画」「実行」「評価」の4つの段階に分けて，子どもが実践的な活動をとおして自主的に問題を解決する点に重点が置かれていた。プロジェクト型学習も多くは，活動全体を段階に分けて，中長期な取り組みを促そうとしている。

　協調学習の技法としてみたときに，プロジェクト型学習には大きく3つの特徴があると考えられる。第一は，学習者自身による活動を促すために，プロジェクト活動の核となる問い（駆動質問，誘発的な問い；Driving Question）を重視している点である。駆動質問は，学習者らがプロジェクトに取り組む際の中核的な問いである。クレイチャックら（Krajcik & Blumenfeld 2006；Krajcik & Shin 2014）が示している例では，「古いものから新しいものをつくるにはどうしたらよいか？」「私たちが大きなものを作る時，機械はどのように役立つだろうか？」などが典型である。前者の問いは，「石鹸を作る」などの活動が前

提として準備されている(注:石鹸は廃油から作ることができる)。後者の問いでは,「データの傾向を説明するためにモデルを選びだすこと」「科学的な説明変数を考えだすこと」「仮説を検証すること」などの目標が設定されており,学習者は探究を行う過程で,これらの目標の達成が期待されている。

プロジェクト型学習の第二の特徴としては,専門家が問題を解決する際に直面する複雑な状況やプロセスを学習者が体験できるような活動を重視している点が挙げられる。

第三の特徴は,学習者はプロジェクト活動の成果を形(人工物;artifact)に残し,学びの成果を誰もが共有できるようにしている点である。

これらの特徴をもつ事例としては,LeTUS プロジェクトがよく知られている(LeTUS = Learning Technology in Urban Schools:都市部学校でのテクノロジ学習。三宅・白水(2003)などにも詳しい紹介がある)。LeTUS プロジェクトは,シカゴやデトロイト都市部の中高生に対して「疑問をもつこと」「データを分析すること」「世界のモデルを作ること」を教えることを目的とした試みである。あるプロジェクトでは,駆動質問として「自分たちの身の回りの飲み水は安全か」という問いが設定されている。身近な課題だが,専門的に捉えると簡単な問いではない。たとえば,水系などは地球科学的な問題でもあり,水質の管理や測定は化学の課題を含む。いずれも学習者の日常生活や現実世界との結び付きが強く,かつ,いずれも科学的にも探究の価値をもつ真正性(本物らしさ;authenticity)の高い課題である。

表 2-3 LeTUS プロジェクトの事例

段階(授業時間数)	活動内容	具体的な探究課題や問い
舞台設定 (17~19時間)	進化の基本的な理解 データ分析の基礎	島の環境,動物の形態,バッタの山火事への適応など,その後の探究に必要な学習
島の危機 (4~5時間)	実際のデータの分析	島を襲った危機と生き延びた動植物の学習
科学調査 (10時間)	説明構築ノート(ツール)を用いたデータ分析	特定のフィンチが生き延びた要因の検討
結果発表 (6~7時間)	ポスター発表	フィンチが生き延びた要因について分かったことをグループで発表

プロジェクト型学習に共通するこれらの特徴は，協調学習全般において重視されていることでもある。たとえば，「問い」の重要性は，後述する知識構成型ジグソー法でも，クレイチャックら（Krajcik & Blumenfeld 2006；Krajcik & Shin 2014）でも共通する部分がある。

　プロジェクト型学習において重要な問いの要素としては，第一に，学習者が探究をとおして「答えが出せること」が挙げられる。一見，抽象度が高くても，学習者が活動に取り組んでいるうちに，答えが見えてくるという面白さが含まれていることが欠かせない。第二は，教育的な価値や意義が含まれていることである。学習者の視点に立てば，学習者が取り組むに値する「問い」であり，教員の視点に立てば，学習者の関心を喚起し，持続させることができる問いである。第三は，日常生活や現実世界との結びつきである。学習者にとって日常的な出来事と関係していることが重要である。

2.2.2　プロジェクト型学習の事例（1）

　プロジェクト型学習のカリキュラムの一例として LeTUS プロジェクトにおける，進化の原理を学ぶ実践を紹介する。

　本取り組みでは，ガラパゴス諸島に住むフィンチという鳥を事例として，実際の科学者（Peter & Rosemary Grant，グラント夫妻）が1973年から行った研究を題材としている。グラントらの研究では，フィンチという鳥は，嘴が短期間の環境変化でも変化して，適応的に進化することを見出されている。環境変化による個体変化は，ダーウィンらが想定していたよりも，短期間で起こることを実証した研究として高く評価されている。

　本実践は，全体で約6週，1コマ40分で約40コマのカリキュラムが設定されている。小学6年生から中学1年生の生徒が，グラントらのデータを検討する。学習者らが最初に取り組む問いは，ガラパゴス諸島において生じたフィンチ生存の危機的な状況において，「なぜ一部のフィンチだけが生き残った」であり，最終的には「生物のどのような形態が生き延びに有利に働いたか？」という探究が行われている。

　LeTUSプロジェクトでは，学習者が探究すべき「問い」から始まり，フィンチの具体例から生物進化を様々な観点から探究できるような工夫がなされて

第2章　協調学習の技法

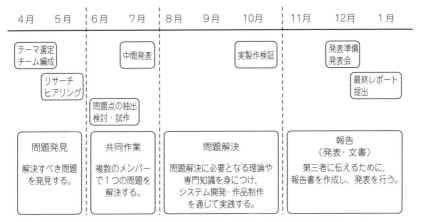

図 2-1　公立はこだて未来大学におけるプロジェクト学習のスケジュール
出典：http://www.fun.ac.jp/edu_career/project_learning/ （参照日 2016年3月31日）をもとに著者作成.

いる。また，実際の科学者のデータを用いて，専門家が問題を解決することの再現が目指されており，専門家が用いるツールが学習者向けに提供されている点も特徴として挙げられる。学習の成果をポスター発表として共有するという仕組みも用意されている（表2-3）。

2.2.3　プロジェクト型学習の事例（2）

　国内の大学教育におけるプロジェクト型学習の事例としては，公立はこだて未来大学の「システム情報科学実習」や，同志社大学の「プロジェクト科目」などが挙げられる。

　公立はこだて未来大学では，プロジェクト型学習を2002年度から実施している。3年次必修で，1年かけて活動が進められる。具体的には，10〜15名の学生および2〜3名の教員が1つのプロジェクトを構成し，「問題発見」「共同作業」「問題解決」「報告」の段階で活動する（図2-1）。学生らが取り組むテーマは多様であり，地域社会をフィールドとした活動や，企業の研究開発部門と連携するプロジェクトが設定されている（美馬（2009）など）。

　同志社大学では，2006年度から全学共通教養教育科目（1年〜4年生が履修可能）としてプロジェクト科目が設置されている。公立はこだて未来大学の事

例と異なり，教養教育の枠組みの中で行われ，かつ科目設置は公募制で毎年更新されるという点が特徴である。公募では，大学外の企業や団体でも，専任教員と共に企画運営に当たることができる。毎年20〜25科目，1クラス最大19名で開講され，「自らのキャリアを自分自身でデザインできる自立した人物を養成する」ことを大きな目的として多様な科目が設定されている（山田 2013）。

近年では，地域との連携，学外でのボランティア活動やインターンシップ活動との融合を目指した取り組みも積極的に行われている。一例として，2002年に設立された早稲田大学平山郁夫ボランティアセンター（WAVOC）におけるボランティアを核とした組織的な試みや，2006年度から継続的に行われている専修大学ネットワーク情報学部の「地域連携プロジェクト」など（上平ほか 2014）が挙げられる。サービス・ラーニング（Service Learning）とプロジェクト型学習を結びつける試みも見られる（長田・村田 2011）。

2.3 問題基盤型学習

2.3.1 問題基盤型学習の特徴と事例

問題基盤型学習は1952年米国ケースウェスタンリザーブ大学で創案され，1969年カナダのマックマスター（McMaster）大学医学部で確立されたとされる。その後，オランダ，オーストラリアなど，アメリカではハーバード大学が先駆的に導入し，現在では世界的規模で医学教育の中心的な学習形態の1つとなっている。日本では1990年に東京女子医科大学医学部で初めて導入され，日本の医科大学・医学部のほとんどで問題基盤型学習が導入されているという（鈴木 2014）。

前述したように，医学，看護，薬学等の領域では，問題基盤型学習は「PBLチュートリアル」とほぼ同義で使われることが多い。一方，その他の領域では，本章で言う「プロジェクト型学習」に近いプログラムが問題基盤型学習の中に含まれることがある。たとえば，三重大学高等教育創造開発センターが公開している「三重大学版 Problem-Based Learning 実践マニュアル」では，問題基盤型学習の一形態としてプロジェクト型学習が含まれている（三重大学高等教育創造開発センター 2007）。コロドナー（Janet Kolodner）らが行ってきた Learning

	月	火	水	木	金	土
午前	PBL コアタイム1 自学自習	関連講義	講義	講義	講義	PBL 発表準備 発表
午後	実習	関連演習 (関連実習)	実習	PBL コアタイム2 自学自習	実習	実習

図 2-2 PBL チュートリアルを取り入れた時間割の例
注：網掛け部分は問題基盤型学習と関連する時間帯．
出典：片岡（2011：28）．

by Design（デザインによる学習）では，問題基盤型学習と事例ベース推論（Case-Based Reasoning）と結びつけた授業形式を，「プロジェクト型探究」（Project-Based Inquiry）として位置づけている（Kolodner et al. 2003）．

本章では，事例（ケース）を利用し，チュータと呼ばれる支援者がグループ学習に対して支援や助言を行うことが活動の中に組み込まれている学習形態を，「問題基盤型学習（PBL チュートリアル）」の事例として取り上げる．

問題基盤型学習にもさまざまな方法論があるが，基本的な構造は個人の「自己学習」と集団による「グループ学習」の組み合わせにある．多くに共通するのは，①チュータが提示した課題に取り組み，疑問点を見いだす（自己学習），②疑問点や自己学習をもとにしたメンバーとのディスカッション（グループ学習），③グループ学習の成果をもとにした自己学習，④個人でのレポート作成や学習成果の共有（個人もしくはグループ学習）という流れである．プロジェクト型学習でも，個人の活動が授業内外で含まれていることが多いが，問題基盤型チュートリアルでは個人の活動の範囲が明確で，かつ構造化の度合いが高い．

図 2-2 は，昭和大学歯学部における問題基盤型学習を取り入れた時間割の例である（片岡 2011）．「コアタイム」と呼ばれる問題基盤型学習の取り組み時間が週2回用意されており，コアタイムの後は自学自習の時間が設けられている．また，関連する講義や演習（実習）が連携して組まれ，翌週はグループでの発表時間が設けられている．

コアタイムの中で行われる活動の例を表 2-4 に示す．問題基盤型学習では多くの場合，「シナリオを読む」ことから活動が始まる．前述したように，事

表 2-4　細分化したステップの例（昭和大学の学部合同 PBL チュートリアル）

ステップ		概　要	具　体　例
コアタイム 1	1	シナリオを読む	全員でシナリオを読んで，わからない語句を確認
	2	重要な情報（キーワード）は何か？	問題に取組むための重要な情報（キーワード）を抽出
	3	議論する問題は何か？	キーワードから出てきた語句をもとに討議すべき問題は何かを検討
	4	問題について考える	なぜこの問題が生じたか，原因・背景や病態，患者や家族の心理を考え，診断，治療，ケア，予後についても検討し，図示（プロブレムマップの作成）
	5	学習項目を明らかにする	問題について考えるために，必要な学習項目を抽出
自　学自　習	6	自己主導型学習をする	学習項目について自習し，学習成果のサマリーを作成，チュータに提出
コアタイム 2	7	グループ学習で，学習成果を共有し，合意を形成する	自己主導型学習の内容をグループで共有し，グループ内で合意を形成
	8	発表準備をする	スライド（パワーポイント）を作成し，発表会の準備

出典：片岡（2011：30）をもとに作成．

例（ケース）やシナリオが重要な役割を担うからである．プロジェクト型学習において駆動質問（Driving Question）にあたるものが，事例やシナリオと考えることもできるだろう．

　本節では，問題基盤型学習の実例として，倉田（2011）が紹介している昭和大学のシナリオ例「姉のがん」を紹介する．昭和大学では，1 年次に医療系 4 学部（医学部，歯学部，薬学部，保健医療学部）が合同で PBL チュートリアルを実施しており，それぞれ異なった職種を目指す学生が，それぞれの視点で協力して問題解決を行えるように，かつ「共感できる」「等身大の題材である」ようにシナリオが作成されている．

> 結婚目前の姉の体調不良が続いたので，母の勧めで診察を受けたところ，思いもよらなかった末期がんと診断された．姉には「完治は難しい」とだけ医師から告知されていた．

> 姉は「私だけなぜこんな辛い思いをしなければならないの？…」と母に訴え，涙を流していた。「まだやりたいことがたくさんある。あとどれくらい生きられるんだろう…」とも言っていた。医師は家族に「本人には告げていませんが，もって1ヶ月程度でしょう。」と告げていた。姉は「一時帰宅でも，彼と暮らしたい。」と願い，婚約者もそれを強く望んだが，結局帰宅しなかった。医師の予想に反し，2ヶ月以上小康状態を保っていたが，その後急速に悪化した。わずかに残った意識のなか，昨日「苦しい，苦しい……。早く楽にして…。」と弱々しく訴えた。父は「少しでも早く楽にさせてあげたい。」とつぶやいた。
> (p. 117より引用)

プロジェクト型学習と異なり，共通の駆動質問は設定されておらず，グループでの議論をとおして学生らは，取り組む問題自体を検討しなければならない。表2-4の段階で言うと，ステップ3「議論する問題は何か？」で問題を検討し，ステップ4「問題について考える」での図式化（プロブレムマップ）の活動，ステップ5での「学習項目を明らかにする」における問題の明確化などの活動が行われる。

倉田（2011）によれば，このシナリオを利用することで多くの学生は，「望ましいがんの告知とは？」「死を意識したがん患者の心理とは？」「尊厳死と安楽死とは？」などの学習項目を検討する。学生は自身で定めた学習項目を自習（ステップ6「自己主導型学習」）し，次のグループ学習に備えることになる。本事例は1年次が対象のため，また複数の学部での合同実施のため，幅広く捉えることができるシナリオとなっているが，専門性が高い問題基盤型学習では限定された条件が示されていることが多い。

教員がシナリオを検討するにあたっては，「具体的に患者像をイメージできるように記載する」「すべての情報を一度に示さず，学生がどうしても知りたくなってから追加の情報として示す」などの工夫が紹介されている（片岡 2011）。三重大学高等教育創造開発センター（2007）は，事例シナリオに求められる要件として，以下の4点を挙げている。また，多様な意見を引き出すために「Guiding Question」を設定することを推奨している。

1. 問題は，現実社会で実際に起こっている問題で，学生の興味を引くも

のであること
2. 学生自身が考え，意思決定や判断することが求められる問題であること
3. 学生自身が必要な学習項目を発見し，その学習を学生に求めるものであること
4. 学生が段階的に思考を深めていけるよう，複数の段階で構成された問題であること

　チュータの位置づけや規模は，問題基盤型学習が実施されている機関によって異なるが，6～8名に対して1名のチュータが付き，サポートすることが想定されている。教員はチュータに対する手引きの準備などをはじめ組織的な準備が必要となる。
　前述したプロジェクト型学習ではプロジェクトの全体の成果によって評価されることが多いが，問題基盤型学習の場合，個人に対して問題基盤型学習の要素を含めた試験，テストを行って評価がなされることもある。学習目標の相違が反映されているとも言えよう。

2.3.2　チーム基盤型学習とLTD話し合い学習法

　本節の最後に，問題基盤型学習の文脈で取り上げられることがあるチーム基盤型学習（Team-Based Learning：TBL）と，話し合い学習法（Learning Through Discussion：LTD）を紹介する。どちらも毎回の授業での構造化が極めて高い手法である。
　チーム基盤型学習は，オクラホマ大学のビジネススクールの教員だったラリー・マイケルセン（Larry K. Michaelsen）によって開発された手法である（Sweet & Michaelsen 2011）。近年では，社会科学系のみならず，医学，看護，薬学などの領域で普及している。チーム基盤型学習は大人数でも実施ができるため，問題基盤型学習を補完するような意味合いで用いられることもある（中越ほか 2014）。
　全体としては，①個人学習，②個人テスト，③グループテスト，④チームでのアピール，⑤教員からのフィードバック，⑥応用重視の学習活動といっ

た流れで行われる。チーム基盤型学習では，多肢選択型のテストを個人に対して行った後，グループで同一の問題を解く。唯一解のある問題が取り上げられることがほとんどである。

「話し合い学習法」も，チーム基盤型学習と同じように構造化された手法である。LTD は，アイダホ大学の社会心理学の教員だったウィリアム・ヒル (William F. Hill) によって考案された。LTD では文章読解課題を基本として，個人を単位とした「予習」と，グループで話し合いを行う「ミーティング」の活動を明確にしている点に特徴がある（安永 2006）。

話し合いの過程も明確に構造化されており，たとえば60分の授業であれば，①導入，②語彙の理解，③主張の理解，④話題の理解，⑤知識の統合（他の知識との関連づけ），⑥知識の適用（自己との関連づけ），⑦教材の評価（学習課題の評価），⑧活動の評価（学習活動の評価）などの流れの活動が分刻みで提案されている（たとえば，安永（2006））。

いずれも構造化の度合いが高く，先に表2-1で示した「学習者が活動方法を決める」という点が薄れている面がある。また，次節で取り上げる知識構成型ジグソー学習とは異なり，学習者が取り組む課題自体に，協調学習を促す工夫は含まれていない。

2.4　教師が活動をデザインする協調学習

本章後半で紹介する相互教授法（Reciprocal Teaching）とジグソー学習法 (Jigsaw Method) では，プロジェクト型学習や問題基盤型学習と比べ，学習活動が綿密にデザインされていて，その活動の流れに沿って学習者が学んでいくことで，質の高い活動が引き出され理解が深まるようになっている。

この背景には，協調学習の目標が，質の高い活動を行った学習者とそうでない学習者を順位付けして，活動の質を評定するパフォーマンスの優劣をつけることが目的ではなく，協調学習によって教室すべての学習者の学びを引き出し，一人ひとりなりの深い理解や技能の向上を目指すパフォーマンスの促進をすることが目的であるということがある。この視点から考えると，相互教授法やジグソー学習法は，将来，学習者がプロジェクト型学習や問題基盤型学習，また

第1部　協調学習

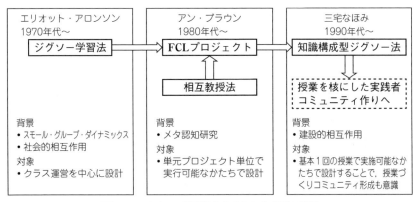

図2-3　ジグソー学習法を中心とした変遷の整理

は社会に出た後のコラボレーション活動において知識創造活動に貢献していくための学び方の学習を兼ねている授業方法であるともいえる。

「ジグソー学習法」の誕生の背景には，社会心理学者のエリオット・アロンソン（Eliot Aronson）を中心とした研究グループが，授業デザインの工夫によって競争文化から脱却した学習集団を形成しようとしたことがある。その後，認知心理学・学習科学の研究領域でジグソー学習法を発展させた。そこでは，協調的な資質・能力を引き出すことで深い理解の構成を実現できるという研究成果が基盤となっている。アン・ブラウン（Ann L. Brown）を中心とした研究グループは，実験室でのメタ認知研究の成果と課題をもとに「相互教授法」の研究に取り組み，その成果も踏まえ，ジグソー学習法をプロジェクト学習に応用した「FCL（Fostering Community of Learners）プロジェクト」を実践している。また，三宅なほみを中心とした研究グループは建設的相互作用研究の成果をもとにジグソー学習法の効果をより出現しやすく工夫した「知識構成型ジグソー法」を開発・実践し，授業づくりの実践者コミュニティを広げていくなど幅広い成果を上げている。これらの技法を整理したのが図2-3である。

　以下では，アロンソン，ブラウン，三宅の取り組み経緯や具体的な技法を紹介した上で，教室全ての学習者の学びを引き出し，一人ひとりなりの深い理解や技能の向上を目指す取り組みの今後について実践データを示しながら考察していく。

2.5 ジグソー学習法の誕生

　1970年代，アロンソンらがジグソー学習法を開発することに至った社会的背景には，アメリカにおける「競争社会」と「差別社会」の2側面があったという（アロンソン 1986）。

　現実の社会では，スポーツや会社の営業成績等さまざまな場面で，勝利者に対しては尊敬を，敗者に対しては軽蔑を示す文化がある。このような状況下で人々は，自分の活動が観察されたり測定されたりすると非常な不安を覚え，お互いを競争者として，あるいは潜在的な敵として見る。これが教室場面になった場合を考えてみよう。教師が教室の前に立って子どもたちに問いかけをする。少数の子どもたちは指名されようと懸命に教師に向かって手を挙げる。一部の子どもたちは，自分の姿を隠すかのように目をそらし，黙って座っている。教師がある子どもを指名すると，手を挙げていた他の子どもたちは，失望，落胆を感じる。もし指名された子どもが正解すれば，教師は褒め，次の問いかけへと進む。発表した本人には大きな報酬であるが，他の子どもたちは，教師に自分の姿を見せる機会がなくなり失望する。この過程をとおして子どもたちは，教室には一人唯一の教師という存在がいて，尋ねる問いかけに対し一つ唯一の教師の頭にあるものが正解だと学ぶ。「教師が期待している答えを出す」ことを学習することになり，このことは非常に競争的なゲームとなると考えていたという。

　また，当時テキサス州オースティン市では，人種差別待遇廃止に加え，学校における人種差別をなくすために白人と黒人の学校分離を廃止し，統合することになった。しかしこの作業を進めるためには，管理者，教師，市民が一体となって転換する必要があったという。そのような中，アロンソンの研究グループは，人種差別を廃止した学級におけるよりよい教育プログラムを構築するため，「スモール・グループ・ダイナミックス」や「社会的相互作用」の研究から収集した原則を総合して編み出したのが「ジグソー学習法」だった。

　ジグソー学習法では，子どもたちが互いに情報の供給源として信頼し合わなければならない過程をつくり出している。その方法は，(1) 個人間の競争が成

功と両立しないような学習過程を構成して，(2) 集団における子どもたちの間の協働活動の後でのみ成功が必ず起きるようにすることである。

　初期の取り組みに，小学校5年生の「偉大なアメリカ人の伝記」の単元の「ジョセフ・ピューリッツァーの伝記」について学ぶジグソー学習法の授業実践がある。6つの段落からなる伝記教材を作成し，30人の学級を5つのグループに分け（1グループ6人），最初，各段落を一人ずつ担当させた。最初の段落は，ピューリッツァーの家系とどのようにしてアメリカに来たのか，第2段落はピューリッツァーの少年時代と成長期について，第3段落は若者としてのピューリッツァーとして，など，段落ごとに人生の主要な局面を含めた内容になっていた。子どもたちは自分の段落を2～3回読み通した後，同じ段落を担当した仲間と一緒になり相談する。そして，最初の6人グループに戻り「分担したパラグラフを互いに教え合おう」と伝える。このとき，各個人はピューリッツァーの全人生についてテストされるため，すべての資料を学習するためには，互いに資料内容を聞き，話す必要が生じる。

　それぞれの子どもたちが大きな絵の中の絶対に必要な一片を持っているというようなジグソーパズルが想起されるため，ジグソー学習法と呼ぶようになったという。この構造化された状況下では子どもたちの間に互いを必要とする相互依存性ができ，一人ひとりがばらばらではなく何事も一緒に進行している状況となり，子どもたちは学習に向けてともに積極的に努力するようになった。

　数年にわたる実践の結果，教室の人間関係は良好になり，学力テストの得点も向上したという。また，教科が苦手な子どもたちにとっても，周りの高い学習動機をもった仲間が刺激となり，授業の参加態度も向上したとしている。

　また，実際のグループの構成の仕方や活動方法の事前学習についても触れている。ジグソー学習の理想のグループ人数は3～7人としている。人数が少ないと多様な人たちとの学習機会が減り，多いと個々の子どもが話す機会が短くなる。またグループ構成は理想的には，男女，読解力の差異，自己主張する・しないの性格の差異，異なった人種や民族が組み合わさっているような多様なメンバーがいいと言っている。さらには，グループでの話し合いがうまくいくよう，競争的な行動はグループを妨げ，個々人の成功をも不可能にすることに気づいてほしいため，事前にチーム作りのゲーム等を実施して訓練を行うこと

が有効だとしている。

しかし，後ほど紹介する「知識構成型ジグソー法」では，授業導入時の課題設定と組み合わせる資料の設計を工夫することで，上記のようなグループ編成の工夫や，話し合い方の訓練などをしなくても，深い学びと資質・能力の引き出しを実現している。

2.6 相互教授法と FCL プロジェクト

2.6.1 メタ認知研究と相互教授法

アン・ブラウンは1970年代，記憶や文章理解に対する認知過程の調整のスキルである「メタ認知」を向上させる研究に取り組んでいた。当時の実験では，物事の記憶の苦手な子どもに対して，日常生活の中にある思い出しやすい手がかりと一緒に覚えることで記憶しやすくする「記憶方略」を教えることで，どれだけ「メタ認知スキル」が向上するか調べていた。ある実験では明示的に「どこに絵があったかを覚えておくと後で役に立つよ」などと強調する取り組みなどを行った。その結果，さまざまな記憶方略を訓練することで，その実験場面の範囲内であれば記憶成績が向上し，メタ認知スキルが向上したかのようにみえた。しかし，その場面でメタ認知スキルを使えたとしても，実験終了後の日常の学校場面等ではメタ認知スキルを発揮することはなかった。訓練成果が未来の学習機会まで続くことがなく，「その使い方が他の場面で役立つ」というメタ認知に対する知識を得ることができていなかった。このような研究経緯もあり，研究の視点が訓練して直後の成果を示すことから，実際の学習場面で意味のある活動をさせることでメタ認知に対する知識を獲得させ，長期的視点から未来の学習時に主体性を引き出すことを目標とする研究へとシフトした (Brown 1992)。

1980年代，アン・ブラウンの研究室に現職院生として在籍していたパリンサーと共に「相互教授法」を開発し，実際に課外授業として学校現場で実践的に検証した。その後，この手法は多くの教員らの支持を集めることになる。

相互教授法は，これまで教師が授業中，直接的に与えてきた読解に必要な4つの方略である「要約」「質問」「明瞭化」「予測」の活動を少人数のグループ

で行わせる。文章を「要約」するには，主題を意識しながら出てくる情報をまとめるために，その子が持っている背景知識を活性化させる必要がある。文章の内容について他者に問う「質問」を作るためには要約する力に加えて，重要な部分を抜き出す力が必要になる。「明瞭化」するには，文章内の難しい点を読み込み，主題を批判的に吟味することが必要である。文章の先を「予測」することは，文章中の内容と背景知識を組み合わせて推測を行って判定する活動が含まれる。相互教授法は具体的には，以下のように進めていく。

① 教師は，3～4人の少人数グループに，文章の一段落を切り抜いて渡し，一人の生徒をリーダーに任命する。はじめは教師がリーダーになる場合もある。
② グループ全員で，まず黙って一段落を読む。
③ そしてリーダーに任命された生徒は，その一段落を「要約」し，テストで問われそうな「質問」を考えて紹介し，文章の難しい点を議論し「明確」にしていく。そして最後には次の一節で何が起こるかを「予測」する。聞き手役の生徒たちは，リーダーが上手く回答できない場合の援助的な役割として行動する。
④ 次の段落を渡す。次の段落ではリーダーが交代する。②以降を繰り返すことで，全員がリーダーとなる。グループ活動の目標は，活動をとおして文章全体の意味理解を共同で作っていくことである。

なぜこのような教授法を開発したのか。「本を読む」というのは知識を増やすためだけに読んでいるのではなく，「自分が知っていること」と「新たに知ること」とを関連付けて考え，知識を再構造化したり，新たに知りたいことを発見したりするために行っている。読解力が弱い生徒たちの原因を分析した結果，読解に必要な，「要約」「質問」「明瞭化」「予測」といった活動が含まれていないことが明らかになった。しかしそれまでの国語の授業では，教師の直接的な指示によって子どもたちが答えて進む形が多かった。そのため，生徒自身が主体的に読解方略を実行したり考えたりするようなメタ認知に対する知識を利用する機会がなかった。

第2章　協調学習の技法

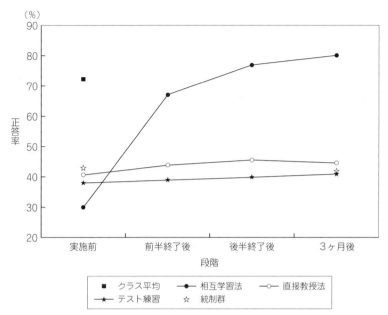

図2-4　相互教授法による読解方略に対する学びの効果
出典：Palincsar & Brown（1984：145）.

　この相互教授法を使って，中学校で読解力に課題がある生徒を対象にして実験授業を実施した。また，効果を検証するため，「直接教授法」「テスト練習」の対照群を設けて比較した。「直接教授法」は，教師から直接的に生徒は文章読解テストでの答え方を学ぶ従来型の教授スタイルである。文章を読んだ後まず生徒が答え，教師は正しい答えを誉め，間違えていたら訂正する。教師は生徒を答えが書かれている段落や文にまで導いていく。問題の解き方の訓練をするが，適切に読めているかどうかのメタ認知に対する知識は扱っていない。そして「テスト練習」では，毎日読解テストを受け，翌日採点結果を受け取っていた。
　この結果を図2-4に示す。「相互教授法」を受けた生徒は，理解度テストでの正答率は10％から80％まで向上し，相互教授法の活動3ヵ月後も成績を維持していた。また理科や社会での読解力も驚くほど向上した。しかし，「直接教授法」の生徒や「テスト練習」のみ受けていた生徒は目立った向上は見られな

かった。

　この実践研究の成果として，読解のメタ認知に対する知識の獲得，すなわちメタ認知スキルを日常的な学習場面で使えるようになるためには，別枠で訓練させるような直接教授ではなく，時間をじっくりかけて仲間とともに協調的な文脈の中で，いわばメタ認知スキルを発揮させる場面を多く準備し，十分に経験することが重要であることが見えてきている。

2.6.2　FCL（Fostering Community of Learners）プロジェクト

　そしてアン・ブラウンらの研究グループは1980年代後半から1990年代にかけて，現場の先生と協働しながら実際の教育課程の授業時間内での実践的な取り組みを行うようになった。FCL プロジェクトは，数週間から数ヵ月かけて行うプロジェクト学習である。そこでは，ジグソー学習法の教授法の導入に加え，一貫した科学資料を準備し，学習者が知識とともに読解スキルを獲得できるよう相互教授法からさらに一歩進めたデザインとした。授業展開は，下記のように進む。

　　①「食物連鎖」というテーマの学習であれば，はじめに「食物の生産」「消費」「再利用」「分配」「エネルギー交換」という5つのトピックを提示し学習者はいずれかを担当する。
　　② 担当の「研究グループ」で，担当内容を説明するための資料を作成する。
　　③ ジグソー学習法により各グループから1名ずつ集まって「学習グループ」をつくり，内容を教え合う。その際，各自が担当したトピックの資料について相互教授法を使って読み合う。
　　④ 最後に理解したことを活用して「砂漠に適した生物をデザインする」などの発展問題を解く。

　授業途中では，グループ間で情報を共有するために「クロストーク」と呼ばれるクラス全体の議論が行われ，学習グループから研究グループに戻るなど，状況に合わせて柔軟に活動を組み合わせていく。研究グループでは，文献調査

第2章　協調学習の技法

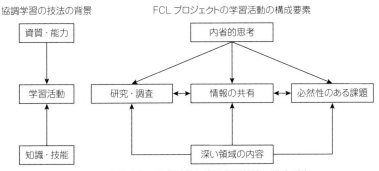

図 2-5　学習活動の構成要素と協調学習技法の構成要素
出典：Brown & Champione（1996：293）より抜粋．左側は著者加筆．

だけでなく，専門家から話を聞いたり，フィールド調査を行ったりした。

実践結果は，理解の深さを測定するために多様な評価手法を用いて評価された。読み書きやICT活用スキルの向上や，単元の内容知識の定着に加え，「平原から餌とする動物がいなくなったら，チータは絶滅するか？　赤ちゃんのチータはどうか？」というインタビューを行って，さらなる高次の問題にチャレンジさせたり，転移テストをグループや個人で取り組ませたりした。その結果，学んだ知識を組み合わせて統合して解を生み出すなど，知識を活用しながら答えることができていたという。

このFCLプロジェクトでは，知識を理解していく活動の文脈の中で，不完全な知識からでも推論しようとする知識創造活動や，メタ認知能力といった資質・能力との一体的な育成が示唆されている。またこのような実践を小学校2年生の授業でも実現可能なことを示した（Brown 1997）。図2-5の右側はFCLプロジェクトの学習活動の構成要素を引用したもので（Brown & Champione 1996），さらに左側は学習活動と資質・能力，知識・技能の接続を整理したものである。内省的思考を働かせるメタ認知に支えられ，そして深い領域内容としての知識・技能を，必然性のある課題のもとで研究・調査，情報の共有をすることが大事だとしている。

FCLプロジェクトでは先駆的な取り組みが多く蓄積されてきていたが，1999年にアン・ブラウンが逝去し道半ばとなってしまった。三宅なほみは，FCLプロジェクトの成果を引き継ぎつつ，1990年代後半から2000年代の初期

には大学学部の認知科学を学ぶ授業を対象に，学部1年生から2年生の2年間にわたって構造的なカリキュラム（「スーパーカリキュラム」と呼んでいた）内で，自身の授業にジグソー学習法を取り入れた（白水・三宅 2009）。その後，2010年代には，実践対象者を小中高等学校にもひろげ，研究者と実践者がともに授業づくりや評価について共有しながら，多くの教員が活用可能で効果の高いジグソー学習法への開発につながっていった。

2.7 知識構成型ジグソー法

2.7.1 建設的相互作用と知識構成型ジグソー法

　三宅らを中心とした研究グループでは，「ジグソー学習法」をもとに，資料を読み取り伝え合う知識伝達だけでなく，児童生徒が資料をもとに児童生徒なりの知識を協調的に構成していく活動を1回の授業内で短時間に引き起こすことを目指して「知識構成型ジグソー法」を開発した。この知識構成型ジグソー法の型を支える中心的原理が，2人で一緒に問題を解く過程を詳細に分析して得られた「建設的相互作用」（三宅 1985）という考え方である。

　三宅は博士論文の研究で，ミシンはどうして縫えるのか？　という「問い」をペアで共有し，話し合う活動を詳細に分析している。その結果，理解が深まっていく知識創造プロセスは「わかる」と「わからない」の繰り返しで，そのプロセスを引き起こしているのは他者の異なる視点からの新たな質問（問い）だった。そこでは，各自の対話開始時点での理解レベルの違いにかかわらず，最終的には両者それぞれなりに理解が深まる。

　たとえば理解の浅い人から質問を受けた理解の深い人は，より相手が納得するように，相手がもつ疑問の文脈と整合性があるように自分の説明を見直す活動を行うので，説明内容全体を俯瞰することにつながる。その結果，これまでの視点では明確化させていなかった箇所の課題解決につながると，理解の深い人もさらに理解を深めることができていた。人は一度「わかった」つもりになるとそれ以上深めようとしないが，他者との相互作用によって「わかった」からこそ見えてくる次の「問い」や「疑問」になる「わからない」部分が見えてきて，次の課題解決活動が生まれる。この繰り返しが対話で起きれば，継続的

な知識構成活動となる。

　この「わかった」から「わからない」へのシフトを，ミシンはどうして縫えるのか？　という問いに対応させると，「ミシンは2本の糸があって絡み合うからだ」という「わかった」が出てくると同時に，なぜ「2本の糸は絡み合うのか」という「わからない」が出てくる。その後，「下糸が輪の中を通るから絡み合う」ということが「わかる」と，「なぜ輪の中を通ることができるのか」という「わからない」が出てくる。このような形で「ミシンの縫い目→糸1と糸2が絡み合う→下糸が輪の中を通る→輪がボビンの後ろ側に隙間ができるようにできている→ホルダーはカラーの中におさまっている」というように「わかる」と「わからない」のプロセスが続いていく。これを抽象化してまとめると，ひとつの問い（「どうしてそのような機能をもつのか？」というように「機能」の仕組み探しと置き換えられる）に対して，その問いに対する答えを説明すると，その説明の構成理由が知りたくなる（機能の仕組みである「機構」を答えとして説明すると，その機構自体は「複数の機能」で構成されており，その各機能の機構が知りたくなる）というメカニズムが，「わかる」から「わからない」が生まれる理由である。

　このように，機構の集合体である機能に対してその機能の機構を知りたくなるという現象を「機能-機構ヒエラルキー」と呼んでいる。この機能-機構ヒエラルキーを繰り返しながら理解を深めていくことを建設的相互作用と定義している。

　この建設的相互作用では，共有した「問い」に対して，その場に参加した人が参加する前と後とで考え方を「建設的」と呼べる方向で知識が変容していく。建設的相互作用によって得られる知識は，学習成果が将来必要になる場所と時間までもっていくことができ（可搬性），学習成果が必要になったときにきちんと使え（活用可能性），学習成果が修正可能であることを含めて発展的に持続する（持続可能性）ことに柔軟に対応できる状態になっている（三宅 2011）。

　知識構成型ジグソー法は，共通の問いを解くために，学習者同士でお互いにもつ考えを出し合いながら理解を変容していく建設的相互作用を，教室で短時間に各教科で引き起こすことができる「型」が埋め込まれている。授業検討の際には，ある事実に対して「それはなぜか？」の理由を問うような課題を考え，

第1部　協調学習

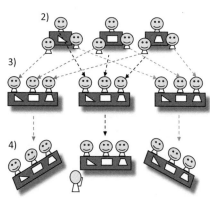

図2-6　知識構成型ジグソーの流れ

その答えを創造するために必要な資料を3種類程度準備する。授業では最初に教師が主課題を示し，学習者は各自知っていることをワークシートに書き留めておく。まず班に分かれていずれか1種類の資料を担当し，内容を確認する（エキスパート活動）。次に席替えをして，別資料を担当した人と一緒に新たな班（3種類の資料であれば3人班）を編成し課題解決に挑戦する。各内容を比較したり俯瞰統合したりしつつ，悩み，対話し知識を創造していく（ジグソー活動）。そして全体で公表し合って互いに検討し合い（クロストーク活動），最後に各自納得したことをワークシートに書き留め，最初の書き込みからの変容を振り返る（図2-6）。

東京大学の大学発教育支援コンソーシアム推進機構（Consortium for Renovating Education of the Future：CoREF）では，三宅らが中心となって全国各地の小中高等学校や教育委員会とともに知識構成型ジグソー法を用いた授業実践や研修などの取り組みを広げている（東京大学大学発教育支援コンソーシアム推進機構2011-2015，詳細は http://coref.u-tokyo.ac.jp にて。多数の指導案・教材を参照可能）。たとえば大分県竹田市立久住中学校3年生理科の授業実践では，「塩酸に電流が流れる時，何が起きているだろう？」という課題に対し「陽イオン」「陰イオン」「原子のつくり」の3資料を用意し，学習者自身による目に見えない現象の概念理解の創造を狙った。通常型授業とジグソー型授業で事後テストの正答率を比べたところ，事実を問う実験結果の確認問題はほぼ同じ（63％対

61％）で，化学式で表す問題は通常授業の方が上回っていた（25％対8％）が，概念理解を問う，電流が徐々に流れなくなる理由を問う問題ではジグソー授業の生徒の方が多く説明できていた（33％対64％）。

現在，知識構成型ジグソー法は，一部の実践者にとどまらず，幅広く取り組みが広がっている。2014年度の推計で小中高等学校の1200名程度の教員が実践し，のべ7万名程度の児童生徒が体験しているという（東京大学大学発教育支援コンソーシアム推進機構 2015）。そこでは，「答えの根拠が説明できるようになる」「長期経過後も学習内容を保持している」「学習意欲が向上する」「わかった先にある疑問に気付く」などの学習成果が得られているという。

2.7.2 安定して知識構成を引き起こすために

知識構成型ジグソー法は建設的相互作用の考え方が埋め込まれたひとつの型であり，上手く機能すれば，コラボレーション，コミュニケーション，イノベーションといった資質・能力を発揮しつつ，各エキスパート資料の内容を出発点として，悩み対話しながら学習者なりの解を創造していく，基礎基本の定着を超えた知識創造型の活動が実現できる。しかし，多くの学習者の深い知識構成と資質・能力を引き出すためには，気をつけるべきポイントがある。

1. 主課題の問いの立て方と資料の構成：事実の理由を問うような，難易度は高いが学習者にとってわかりやすい，対話して考えたいと思えるものにする。資料の構成は，比較・俯瞰する活動をとおして主課題の回答に迫ることができるヒントとなる内容にする。
2. 協調活動の進め方に対する支援：話し合いや発表の方法といったスキルの訓練を先に行ってから話し合いをさせるといった対話の型を優先したり，解答のヒントを示したりするような過度な支援をせず，学習者同士が悩み，対話する活動を大事にする。

第一の「主課題の問いの立て方」であるが，よく見られる失敗例は「○○について考えよう」といったような，何らかの意見や考えが出てくると主課題に対する目標が達成されてしまうような曖昧な問いである。建設的相互作用を引

き起こすには，各担当資料を比較吟味し，俯瞰・統合する価値のある難易度の高い主課題を設定する必要がある。平成26年度活動報告書（東京大学大学発教育支援コンソーシアム推進機構 2015）の中から例を紹介すると，主課題に工夫のない単なるジグソー学習法では，「豊臣秀吉がつくった3つの制度について学ぼう」という主課題で「太閤検地」「身分統制令」「刀狩令」のエキスパート資料で学習を行わせる。すると授業最後のまとめは「秀吉は村ごとに石高と耕作者を定める太閤検地，武士と農民を厳しく区別する身分統制令，農民から武器を取り上げる刀狩りという3つの制度を作った」となった。このようなまとめでは，3つの資料を並べてコピーすれば実現するような回答で，協調的に悩み，対話し，知識構成をしたとはいえない。これを主課題のみ「豊臣秀吉はどんな社会を作ったのだろうか」と工夫することで，最後のまとめでは「秀吉は，武士と農民を厳しく区別し，刀も取り上げて，農民が確実に年貢を納めないといけない社会を作った。これによって農民が反乱することを防ぎ，年貢も確実に手に入るので，武士にとっては安定した社会になった」となった。このようなまとめは，3つの制度の構成要素を押さえた上で，各自なりのストーリーを組み上げた内容になっており，直接的に資料には記載していない内容を対話から生み出すことができていたといえるだろう。また「今って誰にとって住みやすい社会なのかな？」といった，構成要素の俯瞰・吟味からさらに理由を追究したくなるような，さらなる疑問を生み出すことにもつながったという。このような，授業時間を超えて，自分で主体的に学びたいと思える知識構成を引き起こすことが，学習者自身の未来の学習につないでいく上で大事である。そのためには，資料の構成も，直接答えが記述されていて各資料の内容を並べればいいものではなく，比較・俯瞰・統合して答えを構成していくヒントになる内容である必要がある。

　第二の「協調活動を活性化する支援」については，聞き方・話し方といった対話方法の訓練を積ませ，対話のパターンを振る舞えることが重要ではない。悩み，対話したくなる状況を準備することが重要であり，その状況を生み出すためには，比較・俯瞰統合活動を引き出す教材構成が重要となる。また，悩み，対話する活動を遮るような教師の支援は，逆に協調活動を止めてしまう危険性がある。

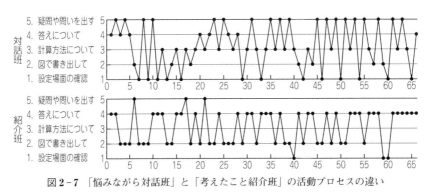

図2-7 「悩みながら対話班」と「考えたこと紹介班」の活動プロセスの違い

　静岡大学の学習科学研究教育センターと共同研究を行っている静岡県伊東市立東小学校では，授業中盤での班活動を活性化させるため「人間関係の配慮」「事前の話し方指導」「司会役を設けて活性化」の方法を検討し，授業で取り組んできたが，すべての子どもたちを知識創造活動に参画させることが難しかった。そこで2011年度6年生算数「組み合わせ」での各班の発話を分析した結果（遠藤ほか 2011），疑問を出しつつ理由を話し合う「悩みながら対話班」と，答えの数値を言い合う「考えたことを紹介班」に分かれた。「悩みながら対話班」は各自が対話に持ち寄る考え方に多様性があり（場面設定・図・計算方法），考え方の行き来の中で問いや疑問が生まれていたが，「考えたことを紹介班」は多様性が見られず「図」の視点でのやりとりに終始していた（図2-7）。1ヵ月後に行った事後テストの結果，「考えたことを紹介班」は学習内容を説明できなかった。

　そこで，2012，2013年度は対話の多様性を保証するために順列と組み合わせに関する3種類の考え方をエキスパート資料としたジグソー授業にした結果，多くの班が悩みながら対話するようになった。授業1ヵ月後以降に組み合わせの解き方について書かせたところ，説明できた子どもの割合が2011年度61%だったのが2012年度88%，2013年度95%に上昇した。対話の型を訓練して「考えたことをきれいに話す」振る舞いができることよりも，「悩み対話しながら答えを生み出す過程を共有していく」ことが大事だったことが見出されたのである。

　さらには，ジグソー活動における教師の介入が知識構成プロセスに与える影

響を検討するため，2012年度の全グループの発話データを詳細に分析した（遠藤ほか 2015）。その結果，悩みながら対話している場面で，授業者による「○○さんの解が合っていそうだね，グループのみんなに説明してみて」といった正解を同定する介入や，特定の方略や考え方を価値付けるような介入は，その後の学習活動を止めてしまうことが明らかになった。そして授業5ヵ月後に実施した回顧調査から，これら介入があった班の意味理解の定着が良くないことが明らかになった。したがって，もしグループ活動に介入する場合には，多視点からの比較俯瞰統合を引き出すような自律的な学習活動を促す介入が望ましいだろう。

2.8 成果を引き出す協調学習技法の組み合わせ

本章前半では，学習者が学習活動の詳細を決めて活動していく2つのPBLを，本章後半では，教師が学習活動をデザインすることで学習活動を保証していく協調学習の技法として，アロンソン，アン・ブラウン，三宅なほみのそれぞれの取り組み経緯を追いながら，ジグソー学習法を中心に紹介した。

さまざまな協調学習の技法が存在するが，どれか単一の方法が良いというわけでは決してない。目的や学習者の状況，文脈に応じて適切に使い分けていく必要がある。

どの取り組みでも共通しているのは，「他者と情報を交換・比較しなければならない状況」を意図的に設定することで，「授業において教室すべての学習者の学びを引き出す」ことに焦点を当てていることである。プロジェクト型学習では，学習者自身が課題発見をするために「駆動質問」の質が重要だとしている。また，問題基盤型学習では事例やシナリオの質が，協調活動に影響を与える。そのため，学習者自身に学習活動を決めさせる自由度が高い一方，質の高い学習活動に持ち込むための仕掛けが必要である。

一方，ジグソー学習や相互教授法などは教師がある程度学習活動をデザインしており，その中での主体的な活動を促しているため，2つのPBLよりも教師が想定した学習効果を保証しやすい。その上で社会心理学者のアロンソンはジグソー学習がさらに上手く機能するための社会的側面に配慮する必要性を指

摘している。しかし，認知心理学者・認知科学者・学習科学者であるアン・ブラウンと三宅なほみは，ジグソー学習の活動においてメタ認知や建設的相互作用を引き起こすには，解くべき「問い」である課題と，その課題を解くための学習資料の設定が重要としている。その背景には，資質・能力は訓練で獲得されるものではなく，深い理解活動と同時に引き出され，その過程で知識が構成されていくという認知研究のこれまでの知見がある。そのため，活動内容も単なる表面的な事実の暗記といった知識習得活動ではなく，意味を構成していく知識創造活動が前提となっている。

　以上を整理すると，学習者が協調学習場面で，資質・能力を発揮しながら存分に知識創造活動に取り組みたいという態度を養いつつ発展させていくためには，下記のようなステップがカリキュラムに内包されているとよいと考えられる。

1. 質の高い「課題」と「学習活動」がデザインされた協調学習で，存分に資質・能力を発揮させながら知識創造の経験を積ませ，主体的な学習の良さも学ばせる
2. 徐々に「学習活動」の設計を学習者自身に行わせる協調学習に移行する
3. 「課題」発見と「学習活動」の設計の両方を学習者自身に行われる活動に移行することで，すべての学習ステップを主体的・自律的・協調的に行わせる

　プロジェクト型学習や問題基盤型学習と比べると，ジグソー学習は学習者の学習活動が教師によって綿密にデザインされている。しかし，解くべき課題を工夫することで，課題に対して悩み，対話しながら，価値のある解を創造していく活動経験を十分蓄積していくことにつながる。この学習経験の積み上げが，将来，学習活動の進め方が学習者に任されたプロジェクト型学習や現実社会の場面においても，自ら質の高い問いや課題を設定して協調的に問題解決に取り組む基盤となるだろう。

参考文献

E. アロンソン（著），松山安雄（訳）(1986)『ジグソー学級——生徒と教師の心を開く協同学習法の教え方と学び方』原書房．
Brown, A. L. (1992) "Design Experiments: Theoretical and Methodological Challenges in Creating Complex Interventions in Classroom Settings," *The Journal of the Learning Sciences*, 2(2): 141-178.
Brown, A. L. (1997) "Transforming Schools into Communities of Thinking and Learning About Serious Matters," *American Psychologist*, 52(4): 399-413.
Brown, A. L. & Campione, J. C. (1996) "Psychological theory and the design of innovative learning environments: On procedures, principles, and systems," L. Schauble & R. Glaser (Eds.), *Innovations in Learning: New environments for education*, Lawrence Erlbaum Associates.
Dewey, J. (1959). *Dewey on education*, Teachers College Press.
遠藤育男・益川弘如（2011）「話し合い活動の質を検証するための回顧テストの活用」『日本教育工学会研究報告集』11(4)：19-26．
遠藤育男・益川弘如・大島純・大島律子（2015）「知識構築プロセスを安定して引き起こす協調学習実践の検証」『日本教育工学会論文誌』38(4)：363-375．
片岡竜太（2011）「PBL チュートリアル学習の基本的な進め方」日本薬学会（編）『問題解決型学習ガイドブック』東京化学同人．
上平崇仁・栗芝正臣・杉田このみ・福冨忠和・藤原正仁・星野好晃・松永賢次（2014）「情報学を学ぶ学生たちを活用した地域貢献活動の事例」『情報処理学会論文誌』55(8)：1725-1733．
Kilpatrick, W. H. (1918) "The project method," *Teachers College Record*, 19: 319-335.
Krajcik, J. S. & Blumenfeld, P. (2006) "Project-based learning," R. K. Sawyer (Ed.) *The Cambridge Handbook of the Learning Sciences*, New York: Cambridge.
Krajcik, J. S. & Shin, N. (2014) "Project-based learning," R. K. Sawyer (Ed.) *The Cambridge Handbook of the Learning Sciences*, 2nd ed., New York: Cambridge.
Kolodner, J. L., Camp, P. J., Crismond, D., Fasse, B., Gray, J., Holbrook, J., & Ryan, M. (2003) "Problem-based learning meets case-based reasoning in the middle-school science classroom: Putting Learning by Design™ into practice," *Journal of the Learning Sciences*, 12: 495-547.
倉田知光（2011）「PBL チュートリアル学習の課題やシナリオ例とシナリオの使い方」日本薬学会（編）『問題解決型学習ガイドブック』東京化学同人．
三重大学高等教育創造開発センター（2007）『三重大学版 Problem-based Learning 実践マニュアル』
　　http://www.hedc.mie-u.ac.jp/pdf/pblmanual.pdf（2015年10月30日確認）
美馬のゆり（2009）「大学における新しい学習観に基づいたプロジェクト学習のデザイン」『工学教育』57(1)：45-50．
三宅なほみ（1985）「理解におけるインターラクションとは何か」佐伯胖（編）『認知科学選

書4　理解とは何か』東京大学出版会.
三宅なほみ（2011）「概念変化のための協調過程——教室で学習者同士が話し合うことの意味」『心理学評論』54(3)：328-341.
三宅なほみ・白水始（2003）『学習科学とテクノロジ』放送大学教育振興会.
中越元子・野原幸男・林正彦・川口基一郎・山崎洋次（2014）「チーム基盤型学習（TBL）と問題基盤型学習（PBL）を統合した授業『プレゼンテーション』の実践」『京都大学高等教育研究』20：17-29.
長田尚子・村田信行（2011）「サービス・ラーニングを手がかりとした職業実践的プロジェクトの展開——学生によるリフレクションの深化に注目した活動のデザインと評価」『京都大学高等教育研究』17：39-51.
日本薬学会（編）（2011）『問題解決型学習ガイドブック——薬学教育に適したPBLチュートリアルの進め方』東京化学同人.
Palincsar, A. S., & Brown, A. L. (1984) "Reciprocal teaching of comprehension-fostering and comprehension-monitoring activities," *Cognition and Instruction*, 1(2)：117-175.
白水始・三宅なほみ（2009）「認知科学的視点に基づく認知科学教育カリキュラム——「スキーマ」の学習を例に」『認知科学』16(3)：348-376.
鈴木玲子（編）（2014）『看護教育に役立つPBL——問題解決力を育む授業の展開と工夫』メヂカルフレンド社.
Sweet, M. and Michaelsen, L. K. (Eds.) (2011) *Team-Based Learning in the Social Sciences and Humanities: Group Work That Works to Generate Critical Thinking and Engagement*, Stylus Publishing.
東京大学大学発教育支援コンソーシアム推進機構（2011）『平成22年度活動報告書』
東京大学大学発教育支援コンソーシアム推進機構（2012）『平成23年度活動報告書』
東京大学大学発教育支援コンソーシアム推進機構（2013）『平成24年度活動報告書』
東京大学大学発教育支援コンソーシアム推進機構（2014）『平成25年度活動報告書』
東京大学大学発教育支援コンソーシアム推進機構（2015）『平成26年度活動報告書』
山田和人（2013）「PBLの学びを最大値にするために——同志社大学プロジェクト科目の場合に即して」『大学時報』62(349)：46-51.
安永悟（2006）『実践・LTD話し合い学習法』ナカニシヤ出版.
湯浅且敏・大島純・大島律子（2010）「PBLデザインの特徴とその効果の検討」『静岡大学情報学研究』16：15-22.

第3章

協調学習の評価・分析へのアプローチ

望月俊男・大浦弘樹

「協調学習の評価・分析」と一口にいっても，どのようにそれを実施するかという具体的な方法論は，その教育実践の目標や目的（たとえば，知識構成や概念変化を目指すのか，協調そのものを達成することを目指すのか），評価のタイミングや目的（たとえば，形成的評価か，総括的評価か），学習観（たとえば，行動主義か，状況論か），知識観・評価観（たとえば，知識が個々人の頭の中にあると考えるのか，個々人の能力は協調的な活動の中で発現するものだと考えるのか）によって多様である（永岡ほか 2012）。これは協調学習に限らず，学習評価全般にいえることである．したがって，協調学習研究における分析・評価の方法もさまざまであり，それぞれが依拠する理論的・哲学的背景も大きく異なっている．どのような目標の協調学習実践を，どのような思想背景のもとデザインし，どのような目的で，どのような知識観・能力観のもとに評価するのかによって，選択される方法論や，分析・評価対象となるデータは変わってくる．また研究という観点から見れば，実践研究・実験研究・開発研究など，研究の目的によって評価の方法や対象データは異なってくるのは自明である．

しかしどのような場合にでも，学習評価を考える上で理解しておかなければならないのは，学習評価とはそもそも一人ひとりの学習者を値踏みする（具体的には，成績評価の）ためではなく，その学習過程のデザインがどのように学習者の学びのプロセスや結果に影響しているのかを確認し，それを改善していくためのものであるということである（田中 2008）。

この評価を設計するプロセスでは，学習者が何を学ぶのか（学習のゴール），学び方，そして学んだ後のあり方についてまで総合的に検討していくことになる（三宅 2012）。ペリグリーノら（Pellegrino et al. 2001）は，学習評価で重要な

第3章 協調学習の評価・分析へのアプローチ

のは学習者によって何がどう学ばれているのかを知ることであるという。そのためには学習者の「認知」がどうなっているのかを「観察」し，その結果を「解釈」することが，そこで想定した学習プロセスや成果が生まれているのかを判断するのに必要であることを指摘し，図3-1のような三角形としてその相互関係を示している。

図3-1　評価の三角形
出典：Pellegrino et al.（2001：44）．

とくに協調学習では，一人ひとりが単独で学習する場合に比べ，会話による相互作用によって各学習者の学習プロセスが可視化されることから，この過程を観察することが多い。したがって，その相互作用の連続したプロセスを捉え，それを評価していくことが大切である。

本章では，こうした協調学習の実践と評価，そして改善のサイクルを回していくためのアプローチを紹介する。一つひとつの方法の具体的な手続きについては，たとえば清水ほか（2012）や各種研究方法論に関する書籍に委ねるが，代表的な協調学習の評価・分析へのアプローチについて，事例を挙げながら説明する。

3.1 評価へのアプローチ

評価へのアプローチには，大きく分けて「実験」「準実験」（主に量的研究による）と「デザイン研究」，これらの間を通底する「質的研究によるアプローチ」がある。

3.1.1 実　　験

人々の協調の中で起こりうるメカニズムを解明し，現実の協調学習場面で生じそうな効果について検討を行うことは重要である。とくに単独で行う条件と二人以上で行う条件で，学習や問題解決のプロセスにどのような違いが生じるのかを明らかにすることで，協調のメカニズムを理解したり，逆に協調場面で行うべき支援を明らかにしたりすることが可能になる。

心理学的実験法はそのような目的のための手段のひとつである。たとえばシ

表 3-1 折り紙実験のペア条件と単独条件の結果の違い

	ペア	単独	ペア換算*
(a) 数学的な方法を使ったペア条件・単独条件の数 ($N=60$)			
第1試行	5/30	1/30	1.97/30
第2試行	19/30	4/30	7.46/30
(b) 問題の順序別：数学的な方略を使ったペア条件・単独条件の数（それぞれ $N=30$）			
3分の2の4分の3を最初に行った場合			
第1試行	3/15	0/15	0/15
第2試行	8/15	0/15	0/15
4分の3の3分の2を最初に行った場合			
第1試行	2/15	1/15	1.93/15
第2試行	11/15	4/15	6.93/15

注：*2人のうち1人が正解にたどり着ければペアで正解できると思われる数．
出典：Shirouzu et al.（2002：479）より引用，和訳・注釈は引用者による．

　ロウズら（Shirouzu et al. 2002）は，折り紙の"4分の3の3分の2"の部分にペンで斜線を引く課題を大学生に行わせ，一人と二人で問題を解かせる条件にランダムに割り当て，2つの条件の解き方を比較した．この際，折り紙そのものを与え，折り紙を使っても解けるし，ペンを使って計算して解くこともできるようにした．この実験をしてみると，両条件とも折り紙を使った解き方が多く見られた．しかし続けて折り紙の"3分の2の4分の3"に斜線を引く課題を与えると，一人条件の場合は皆無だが，二人条件の15ペア中8ペアが計算で解くようになった．同様に"4分の3の3分の2"を最初に解いた場合には，一人条件では15人中4人が計算で解いたのに対して，二人条件では15ペア中11ペアが計算で解いた（表3-1）．さらにその過程を質的に分析したところ，二人条件の場合は，折り紙を折っている一人をモニターしているもう一人が，4等分の折り目がついた折り紙を見て4分の3の3分の2が既にできていることに気づいて指摘し，折り紙を折っている方が"それは折り紙全体の半分にあたる"ことに気づくことを見出した．

　このように，実験的手法を使うことで，他の条件に比較して，協調の場面でどのような現象が起こるのかを明らかにすることができる．協調学習の効果や，よりよい協調を引き起こすように具体的な学習場面で気をつけるべきことを明

表3-2 安斎ら（2013）で示された創発的コラボレーションの生起回数（グループ平均）

群	多視点を含む	類推を含む	どちらも含む	どちらもなし	合　計
アナロジカル・ジグソー群	1.1	2.9	2.3	2.9	9
ジグソーのみ群	1	1	0.2	1.5	3.7
アナロジーのみ群	0	1.7	0	0.7	2.3
介入なしの協調	0	1.8	0	1.2	3

出典：安斎ほか（2013：293）．群名は略称だったものの内容を表した．

らかにすることができる．他にこのような一人条件と二人条件による協調過程の違いを分析した研究としては，石井・三輪（2001）などがある．

　一方，協調活動の中にどのような教授的介入を設けることで，学習者・参加者のパフォーマンスが向上するかどうかを検討する目的で，実験法が使われることもある．安斎・益川・山内（2013）は，複数人のアイディアの連鎖によって新たなアイディアの創発を促すコラボレーションをワークショップで生み出すための方法を開発するために，ジグソー法（Aronson & Patnoe 2011，本書第2章を参照）と類推（アナロジー）を組み合わせたワークショップ設計法の効果を実験的に検証している．この際，安斎らは「創発的コラボレーション」を操作的に定義し，ワークショップ参加者の発話の中から創発的コラボレーションに該当するものを抽出し，さらにそれが多視点を含んだものか，類推を含んだものかを分類した．その結果，これら2つの要素を組み合わせた方法によって創発的コラボレーションが促されることが示唆されたほか，メンバーの異なる視点による様々な解釈や概念結合が促される可能性が示された．

　協調学習支援システム（CSCL）の開発研究の場合，開発システムの有効性を検証する目的で，そのシステムを使用した場合の協調学習とそれ以外のシステムを使用した協調学習，あるいはそのシステムを使わない場合の協調学習を比較した実験研究を行うことが多い．西森ら（2001）は遠隔環境下でも学習者が対等に参加することができる議論支援システム rTable を開発した．rTable は，「司会者」「要約者」「質問者」「提案者」という4つの役割を議論グループ内で交替しながら話し合いを進めることを支援するシステムである．この評価を行うにあたって，普通のチャットソフトを使った議論と役割交替機能をもつ rTable を使用した議論とを比較する実験を行った．4人1組のグループ2組（Ⅰ群とⅡ群）がチャットと rTable で各参加者が発言した数をカウントする

表3-3 rTable 研究の各群における総発言数

グループ		チャット	rTable
Ⅰ群	A	24	21
	B	23	21
	C	15	17
	D	22	17
	計	84	76
Ⅱ群	E	45	31
	F	26	18
	G	19	12
	H	22	16
	計	112	78

出典：西森ほか（2001：109）．

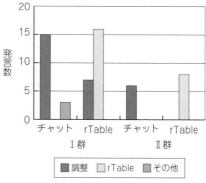

図3-2 rTable 研究における調整発言等の量
注：分類後の「単なる発言」は除いたグラフである。
出典：西森ほか（2001：109）．

とともに，話題を整理したり元の話題に戻ろうとしたりする「調整発言」，役割やセッション交代など rTable の使用に関する「rTable 発言」，議論の内容に関連する「発言」，議論の内容に関わらない「その他」に分類した（表3-3，図3-2）。「発言」についてはさらに「意見」「質問」「同意」に分類した（図3-3）。その結果，rTable を使用した方が発言数は少なくなる傾向がある（表3-3）ものの，調整発言をする必要がなくなっており（図3-2），話題の混乱が少なくなる効果と，発言の内容も意見と質問でバランスが取れるようになる効果が示されている。

3.1.2　準実験（Quasi-Experiment）

協調学習の分析・評価を行う場合，実践的な評価は，学校教育の場面などで行われることが多い。そのため，実験参加者をランダムに配置するなど，厳密な統制をとることが難しい場合には，準実験という方法が用いられる。この場合，干渉変数，すなわち他の要因と従属変数の間の関係に影響する何かしらの要因を統制することもできないため，厳密な実験研究とは言えないが，ある程度の確からしさで因果関係を推定する方法である（岸 2012；北村 2010a）。

たとえば，望月ら（2007）は，Web 上にある協調学習グループウェア Pro-Bo（西森ほか 2006）と連携して，グループの各メンバーのもつタスクの状況や

第3章 協調学習の評価・分析へのアプローチ

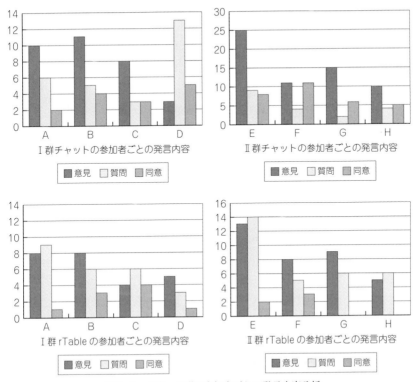

図3-3 Ⅰ群・Ⅱ群の参加者ごとの発言内容分析
出典:西森ほか(2001:110).

グループウェアへのアクセス状況を携帯電話の待ち受け画面に可視化する「ProBoPortable」を開発している。この評価の際,Split-Class Design(Carver 2006)という方法(図3-4)によって授業内での準実験を行っている。この方法では,受講者は全員 ProBo を使ってはいるが,クラスの中の一部の学生グループに対してさらに ProBoPortable を使わせ,ProBoPortable の効果を検討している。これは不等価2群事前事後デザインの準実験で,事前事後で従属変数を測定し,その変化を検討する方法である。望月ら(2007)では,Classroom Community Scale(Rovai 2002)という尺度を用いて,事前事後で質問紙調査を行い,学習共同体としての評価がどう変化したかを測定した(図3-5)。その結果,ProBoPortable を使用していたグループのほうが学習共同体意識は

51

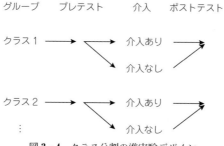

図3-4 クラス分割の準実験デザイン
出典：カーヴァー（2009：161）．

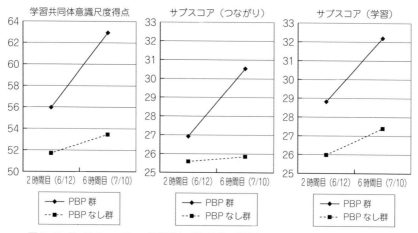

図3-5 ProBoPortable の使用群と不使用群の質問紙による学習共同体意識の比較
出典：望月ほか（2007：207）．

高くなり，学習共同体として相互の関係性が強くなり，学習に対する意識も高まっていると報告している．

　なお，このように事前事後の質問紙調査等で実験や準実験による評価を行う方法は，特に学習プロセスを追いにくいモバイル学習環境の評価研究で行われる傾向があるが，学習プロセスで何が起こっているかをアクセスログ以外から明らかにできないため，実際にどのようなメカニズムが働いているかを明らかにできないことに課題がある．

3.1.3 質的研究

そこで協調学習のプロセスで生じている学びを具体的に評価する目的で用いられるアプローチとして質的研究がある。もともとは，具体的な事象に即して，社会的・文化的文脈を尊重しつつ，その言語記録から見出される意味を追究し，概念を構成して，理論を構築しようとするアプローチである（大谷 1997）。したがって，現象学的・解釈学的・構成主義的なアプローチで，協調学習をリアリティのあるかたちで評価するために，質的研究は用いられる。しかし，最近では収集した質的データを理論的フレームワークに基づいてコーディングして結果を示す形で利用されることもある。

質的研究では，評価のためのデータをプロトコル分析，インタビュー，参与観察など，さまざまな方法で取得し，分析していく。授業やワークプレイスにおける学びなど実践を評価する際に用いられることが多いが，実験や準実験でも上記のような質的データを取得することがある。そのデータの分析については，3.2 節で事例を挙げて詳細を述べるが，協調学習の評価の質的研究では以下のような方法が用いられることが多い。

① プロトコル分析・発言内容分析

プロトコル分析は，発話の分析をとおして，その背後にある認知のプロセスやメカニズムを探る方法である（岡田 1997）。協調学習の場合，課題を一緒に考えたり作業を遂行する際に言語を用いてコミュニケーションすることが普通である。また，協調学習場面では他者がいることで独言も含めて発話が促される傾向がある。そのため，強制的に思考を発話させる発話思考法（Think-Aloud）を用いなくても自然な形で，学習者がどのようなことを考えながら学習を進めていたかを確認することができる。プロトコル分析の方法の詳細については，海保・原田（1993）が詳しいので参照していただきたい。

② 相互行為分析

プロトコル分析と同じように発話を中心に分析する方法であるが，相互行為分析では協調学習が社会的にどのように達成されているのか，あるいはどのように協調学習の成果が社会的に達成されているのかを評価するアプローチであ

る（西阪 1997）。会話だけでなく，身振り手振りなども分析し，学習者間の相互行為によって何が生じているのかを緻密に明らかにしていく方法である。

③ インタビュー

　一般に授業などの学習場面を研究する場合，学習者の学習プロセスを記録することによる学習活動への影響が懸念される（宮崎 2001；尾澤ほか 2003）。また，学校の教室以外の場所で行われる場合，その学習プロセスを研究者がすべて記録して捉えることは困難である。さらに近年，当事者たちの語りの相互言語行為による生成プロセス，および経験の組織化の仕方や意味づけを重視する，いわゆるナラティヴ・ターン（やまだ 2006）によって，各学習者にとっての意味や価値を生成的に理解しようとする研究も増えてきている。学習者にとっての行為の意図や学習経験の意味を検討しようとする場合，学習の最中と，学習後さまざまな経験をした後では，その意味や価値が変容することも十分考えられる。そこで学習の合間や事後にインタビューを行うことで，協調学習プロセスの価値や，一人ひとりの学習者にとっての意味を評価しようという試みもみられるようになっている。

　インタビューのデータは学習プロセスそのものの中では取得しにくい。しかし，授業前・授業後・授業間にインフォーマルインタビューを行ったり，授業後に回顧インタビューを行ったりすることで，上記のような問題意識にあったデータを取得することができる。

④ 参与観察

　参与観察は，研究者が協調学習実践に観察者として参入し，その学習プロセスを比較的長期にわたって観察し，実践の中で学習者がどのように実践を意味づけ，変容していくのかを解釈していくアプローチである（箕浦 1999）。観察の過程でフィールドノーツを付けたり，ビデオによって授業実践を記録するなどして，出来事をできるだけありのままに記録していく．インフォーマルインタビュー等を併用して，学習者にとってその授業実践がどのように意味づけられているかを分析していくこともある。

3.1.4 デザイン研究（Design-Based Research）

　協調学習を導入した授業実践における評価・分析では，デザイン研究というアプローチがしばしば用いられる。デザイン研究とは，実験研究よりもより生態学的に妥当なかたちで，より実践現場で役立つ知見を生み出すために，過去の研究成果に基づき授業や学習環境を「デザイン」して実践し，その結果をもとに絶えず見直して修正を繰り返し，より洗練された学習環境のデザインを目指すアプローチである。その過程をとおして，革新的な学習環境を創り出し，その効果を実証的に検証することが目的である（Brown 1992；Collins 1992）。デザイン研究では実験研究とは異なり，統制群を設けずに，これまでの学習研究の成果をもとにデザインの変更を長期にわたって繰り返し行いながら，その授業実践の改善を検証していく（和文による方法の詳細の解説は，益川（2012）や大島（2007）を参照）。

　尾澤ら（2004）は，大学生グループが研究活動を行う授業の中で，研究活動の再吟味を促すために，中間発表会において学生アシスタントからのフィードバック（1年目）から，グループ間の相互評価とその結果のフィードバック（2年目・3年目）に変化させることで，グループの研究内容や方法に対して質的な変化が生じたかどうかを検討している。結果としては，学生アシスタントからのフィードバックよりもグループ間相互評価のほうが各グループの研究対象，方法，目的，発表の仕方に関する再吟味が起こっていることを見出している。

　こうしたデザイン研究では，さまざまなデータを研究・授業実践プロセスで収集して，そのプロセスで何が生じているのかを量的データ・質的データの双方で説明しようとすることが多い。たとえば尾澤ら（2004）の例では，学生アシスタントまたは学生による相互評価の結果（点数とコメントの内容），グループの活動過程が記録されているメーリングリストの内容，発表会の内容のビデオ，振り返りの小レポート，授業時間中の参与観察記録などを取得している。これらのさまざまなデータを用いてデザイン変更による影響を明らかにするとともに，そのプロセスのメカニズムでそのような効果がどのように（つまりデザイン変更がどのようにプロセスに影響を及ぼした結果）得られたのかを明らかにし，その原理を考察することで，単なる一授業実践の改善を超えて，

一般化可能性のある授業あるいは学習環境デザインの原則を導き出そうと試みるのが特徴である。ここでいう原則とは，教授上の介入方法であったり，CSCL システムの導入による学習活動の変更であったり，さまざま考えられるが，基本的にこの原則は理論的に先行する学習研究との整合性を担保しつつも，革新的な原則を見出すことが求められる（益川 2012）。

　デザイン研究は，一般化可能性と革新性のある学習環境デザイン原則を導き出そうとする点で，アクション・リサーチ（秋田 2005）とは異なる。一般に，教育におけるアクション・リサーチは，授業実践における問題解決のために，教師自らが中心になって授業に関するデータを収集・分析し，解決策を導き出していくために用いられる。理論に基づいて改善案を提案し，実施し，評価するという過程はデザイン研究と同等であるが，アクション・リサーチは特定の状況を改善することを目的としており，一般化については慎重である。一方デザイン研究では一般的に授業者と研究者が共同して学習研究の理論的な見地から学習環境デザインを検討し，その成果がどのようにしてうまくいったのかということを確かめていくことで，他の授業実践に転用可能な（一般化可能な）デザイン原則を導き出していこうとする。

　協調学習の授業実践研究では，本邦でも多数の研究がデザイン研究のアプローチで行われており（ほかに，大島ほか 2002，2013；竹中ほか 2002；益川 2004；江口ほか 2007；坂本ほか 2010；根本ほか 2011；北澤・望月 2014 など），とくに学習科学の立場で協調学習の教育実践の評価を行う研究者・実践者のアプローチとして主流となりつつある。

3.2　分析へのアプローチ

　前節では既存の協調学習研究において，学習をどのような枠組みで評価するかということについて大枠のアプローチを示し，一部については研究手法や分析方法についても紹介した。本節では，それぞれのアプローチでどのようなデータを取得して分析するのかということについて説明することで，学習支援の新たな研究プロジェクトを計画する際の参考となるようにしたい。

　評価のためのデータの取得や分析方法の計画にあたって，研究目的や研究対

象，研究関心によって必要なアプローチや方法が変わるのは，他の研究と大差はないが，協調学習をどのような学びとして捉えるのかという学習観の違いによって選択すべきアプローチや方法が変わることに注意する必要がある。研究目的や研究対象・研究関心という側面では，国語や数学，理科などの教科学習に関心がある場合もあれば，教室や教室外（自宅，野外など），対面またはオンライン，あるいはこれら空間・状況を横断した越境的な学習などの，学びの文脈に関心がある場合もあるし，さらには協調過程の解明やそれを支援するツールの開発に関心がある場合もあれば，学習者の心理的要因・作用に関心がある場合もあり，非常に多様である。これに対して，分析の単位（グループ内の個人に焦点を当てるか，個人ではなくグループ全体に焦点を当てるか）や分析の対象（学習の過程に着目するのか，理解度の向上に着目するのか）は，その学習活動をどのように見なすかという学習観によって変わってくる。したがって，研究目的や対象・関心という軸と，協調学習研究をするにあたって採用する学習観の組み合わせで，分析へのアプローチや方法が決まってくる。

このことについて，エニエディとスティーブンス（Enyedy & Stevens 2014）は，協調学習研究は単に多様なのではなく，協調の定義・仮定や理論的関心，分析方法の間に深い関連があることを指摘し，協調学習研究を理論的関心や分析の単位，成果の性質などの対応関係をもとに4つの分析アプローチに分類した。

表3-4は，エニエディら（2014：192）が作成した表をもとに，筆者らが日本語で理解しやすいようにまとめなおしたものである。表中のプロセスの単位や成果の単位とは分析の対象の単位（個人か集団か）を指している。また，直接的な成果とは協調的な活動のプロセスそのもので直接的に生じる学習成果や学習活動のあり方を示している。たとえば，複数人による協調プロセスにおける発話の内容や，図表などへの思考の外化，それに対するジェスチャーや共同注意などは，協調というプロセスで直接的に起こることである。一方，間接的な成果とは，協調プロセスによって促進または阻害される成果を示している。たとえば，学力テストの結果や，概念理解などは個人レベルで考えられる成果であるし，集団レベルではその活動自体がうまくいくということは成果になり得る。また，規範性重視とは，分析の対象となる協調プロセスやその成果がある学習理論に沿った規範に則っているかを，ルーブリックなどを用いて分析す

表 3-4 協調学習に対する分析のアプローチ

分析アプローチ	プロセスの単位	成果の単位	規範性内因性	直接的成果	間接的成果
個人の認知を分析する	個人	個人	規範性重視	協調プロセス中の個人成果 例：カテゴリー別発言数	
間接的な学習効果が生じるための協調プロセスを分析する	集団	個人	規範性重視		テスト得点・成績・成果物
直接的に学習が生じる協調プロセスを分析する	集団	(個人の成果を説明するための)集団	規範性重視	間主観性(Wertsch & Stone, 1999) 例：ジェスチャー，テキストや図表，アニメーションなどの表象，およびそれらへの共同注意(joint attention)	個人・集団レベルの成果物 例：物理概念の理解 (Roschelle 1992)
学びとしての協調プロセスを分析する	集団	集団	内因性重視	集団活動の成立・達成 例：船の操縦 (Hutchins 1990) テクノロジの特性と分業 (Stevens 2000)	

出典：Enyedy & Stevens (2014：192) をもとに筆者らが作成．

るものを指し，内因性重視とは，協調プロセスの中で起こっている協調活動の特徴（たとえば分業やターンテイクなど）に焦点を当てるものを指している．以下で，それぞれのアプローチについて紹介する．

3.2.1　個人の認知を分析するアプローチ

「個人の認知を分析する」とは，インタビューやグループ活動など複数人の協調プロセスで生起する発話に焦点を当て，一人ひとりの学習者の思考や特徴を分析しようとするアプローチである．このアプローチは認知科学におけるプロトコル分析を背景としており，インタビューや学習者の会話など協調プロセスから生起した個人レベルの発話や行為を思考の単位としてデータ化し，協調

プロセスにおける個人レベルの思考プロセスや学習成果との関係性に焦点を当てた研究でよく用いられる分析アプローチである。一方で，分析において協調プロセスにおける社会的な相互作用の性質は直接考慮されないことが多い（Enyedy & Stevens 2014）。

このアプローチに該当する海外事例としてエリス（Ellis 2007）の研究がある。数学教育研究では，学習者が数学を学ぶときに具体的な事例から数学的に共通のルールや性質を見出そうとする一般化の思考プロセスを分析するときに，学習者ではなく専門家の立場で行われることが多い。エリスは，より学習者の視点で一般化の思考プロセスを分析する必要性を指摘し，それを特定するために教授実験[1]および半構造化インタビューを行った。エリスは，事前に仮説をもたずにデータから理論を構築するグラウンデッド・セオリー（グレイサー＆ストラウス 1996）に基づき，授業中の会話やインタビュー中の学習者の発話を個人の単位で分析した。その結果，「関連づける」「検索する」「拡張する」という3つのカテゴリーとそれらに付随する行為に分類した。これは授業中の会話（集団の中での発話）を取り扱ってはいるが，個人の思考プロセスで何が生じているのかを分析するために個人単位で発話内容を分析しており，集団の中での発話の特徴を直接考慮していない点で，個人の認知を分析するアプローチである。

本邦の研究事例としては，鈴木・鈴木（2011）の研究がある。鈴木らは，学習者が文献を直感的・感情的に下線やコメントを付与しながら読むときに，独善的な判断になったり論理的に欠陥が生じたりすることがないようにするため，学習者同士で相互にマーキング（下線引き・コメント）し合うことができる機能を実装した Web アプリケーション EMU（Emotional and Motivational Underliner）を開発した。EMU の機能評価を行うため，鈴木らは大学の授業でこのシステムを利用し，優れたレポートの書き手（学生）とそうでない学生の使い方について比較評価を行った。この授業実践では，学生はまず個人で与えられた資料を読みマーキングを行い，また他の学生のマーキングに対して最低1つ相互コメントを返すよう指示された。そして，次の授業では受け取ったコメントを参照しながら意見文を作成した。鈴木らは，この意見文に対して5段階で評定を行い，その中央値を基準に上位群と下位群に分け，両群間のマーキングやコメントの産出量と受取量，閲覧頻度を比較した。その結果，両群間に自己

第1部 協調学習

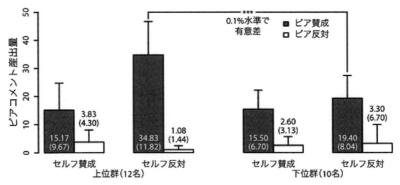

図3-6 EMUの研究における個人ごとのピアコメントの分析
注:数値は平均,エラーバー・括弧内の数値は標準偏差.
出典:鈴木ほか(2011:3155).

のマーキングの産出量や他者からのコメントの閲覧数に有意な差は見られなかった一方,他者によるマーキングの閲覧数や他者のマーキングに対するコメントの産出量で有意な差が認められた(図3-6)。これらの結果から,鈴木らは他者からのフィードバックを取り込むよりも,他者への働きかけを意識して自身の考えを精緻化することが重要であると指摘した。鈴木らの分析は,集団レベルの分析または学習者間のコメント活動よりも,個人レベルでのマーキングやコメントの産出量や受取量,閲覧頻度をデータとした統計分析が中心である点で「個人の認知を分析する」アプローチといえるだろう。

以上のように,個人の認知を見るアプローチの分析では,エリスの例のように教室での実験やインタビューの中で生起した個人の発話から思考や行為の特徴を分類したり,鈴木らの例のようにカテゴリーに対応する発話をカウントして,その増減または相関の統計的分析をしたりする場合が多い(Chi 1997)。

なお,このアプローチでは他者との会話は協調学習の場面で随伴的に起こるものとして扱うため,分析対象である個人以外の社会的な影響を最小化するように,実験室環境でのインタビューやグループ課題などを統制することが多い。これは,分析で対話者(インタビュアー)や思考の順序,相互作用の特徴の違いを考慮しないようにするためである。エニエディら(Enyedy & Stevens 2014)はこのような個人を単位とした分析は「協調の仕方が学習のプロセスと成果に重要である」という協調学習の大前提を無視しているとして批判的な立場を

取っている。しかし，とくに学校教育の文脈においては協調学習を導入することによる個人の行為や学習成果への影響を評価することは，重要な理論的関心のひとつである。その場合，次に挙げる事例のようにグループを単位（対象）にした分析と併せて行うことで協調のプロセスと個人への影響の両方を評価することも可能である。

3.2.2 間接的な学習効果が生じる上でのプロセスを分析する

協調学習を教育方法として用いることで，学習者一人ひとりの概念理解やテストの成績を向上させる，というスタンスで教育実践に取り組むことは，とくに学校教育の文脈で多く行われている。その場合，学習効果の測定は協調学習のプロセスから独立したテストやインタビュー，あるいはワークシートの分析で行われることになる。これは，協調のプロセスとは独立して測定している学習効果であるから，協調プロセスからみると「間接的な」学習効果ということになる。この間接的な学習効果が本当に協調プロセスによって促進されたのかを分析するのが，「間接的な学習効果が生じる上でのプロセスを分析する」アプローチである。

このアプローチでは，間接的な学習効果のデータを集める上では，前述のように，学習者の理解度をワークシートの分析や理解度テストなどを行って測定することが多い。一方，協調のプロセスの分析では，しばしばプロトコル分析や発言内容分析を行って，発話のパターンがどのように異なると「間接的な学習効果」がどのように変わるのかを分析することが一般的である。

齊藤（2014）は，理科の仮説実験授業における問題配列と協調問題解決過程における理解の進展がどのように関連しているかを示すために，このアプローチを用いて分析している。齊藤の研究では小学校3年生の「空気と水」の仮説実験授業における予想問題に対する正答状況と，児童の協調問題解決活動における発言内容の関係を，2年分の授業を分析して共通点を探っている。具体的には，クレメント（Clement 2008）の「科学で使われる知識の4つのレベル」に基づき，児童の発言内容が「空気と水」に関するどのレベルの概念理解に進んでいるかを分類している。図3-7は2つの授業における発言内容分類（棒グラフ，左軸。白はレベル2以下の観察レベルの理解，グレーはレベル3の理

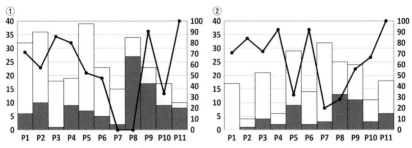

図3-7 仮説実験授業における予想問題の正答率と発言内容の変化
注:丸数字は授業実践の回数を示す.
出典:齊藤(2014:94).

表3-5 鹿毛ら(1997)における分析カテゴリー(一部抜粋)

行動		
アイディアの表明	内容的アイディア 新出(■) 既出(□)	課題解決結果に直接結びつくか,意見交換の具体的内容自体に対する意見の表明.
	運営的アイディア 新出(▲) 既出(△)	課題解決に取り組む環境を作る意見の表明(内容的アイディアを伴わないで課題解決を促す意見や,道具の操作方法,手順についての意見など).
メディアの操作	メディアの操作(☆)	アルゴブロックを接続,調節し,プログラムを作り上げる.
	プログラム実行 成功(★) 失敗(★)	メディア(アルゴブロックのこと)の操作により完成したプログラムを実行する.

出典:鹿毛ほか(1997:98).

論レベルの理解を示す)と正答率(折れ線グラフ,右軸)の変化を示している。これをみると,問題P7,P8で共通して正答率が大きく下がっており,これによって児童に「急に予想が当たらなくなった」と印象づけ,これによりP8以降の問題解決活動で前に学んだことをより一般的な形で説明させることを促して,理解を深めさせようとしている仮説実験授業の特徴を明らかにしている。

また,鹿毛ら(1997)は,タンジブルのプログラミング学習ツール「アルゴブロック」(鈴木・加藤 1995)を使って,タンジブルな道具を使った場合の協調

第3章 協調学習の評価・分析へのアプローチ

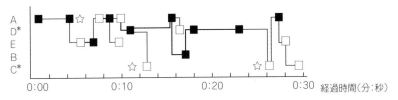

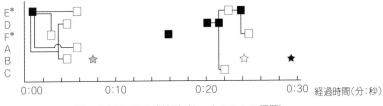

図 アイディアの連鎖図（シーケンシャル課題）

　図の左端のアルファベットは，被験者を表している．アルファベットの右上の＊は，女性であることを示している．その他の記号の見方については，表1を参照のこと．なお，記号間を結ぶ各線は，線の右側の行動が左側に示された行動に対して機能することを意味している．太線が精緻化または反論，細線が同意，反意，説明のいずれかを示している．

図3-8　ブロック条件とマウス条件のアイディア連鎖を比較した図
出典：鹿毛ほか（1997：102）．

プロセスや，協調することによる効果を分析する実験的な研究を行っている．ここでは，アルゴブロックを使ったプログラミング課題に個人で取り組んだ場合とグループで取り組んだ場合，アルゴブロックを使った場合（ブロック条件）とアルゴブロックをパソコン画面上に表示してマウスで操作する場合（マウス条件）で，学習者のプログラミング課題達成や一人ひとりのポストテスト課題の得点と，とくにグループ条件における学習プロセスの連関を分析している．この結果，グループによる課題達成においてとくにブロックが有効に働いているということを明らかにしている．また，グループの学習プロセスの分析において，表3-5のような分析カテゴリーを用いて，発話内容やアルゴブロックの身体的な操作をビデオ記録から分析し，図3-8のような図にアイディア連鎖（発言の前後関係）のプロセスをまとめて論じている．これをみると，ブロック条件の方がより多くのアイディアが生成され，またその精緻化や反論が積極的に行われていたことを示している．

63

また，池尻（2011）は，歴史で学習した内容に含まれる因果関係を現代の社会問題に応用して考えられるようにするための対戦型カードゲーム教材を開発し，その教材の有効な活用方法について明らかにするために，間接的な学習効果が生じる上でのプロセスを分析している。このカードゲームでは4人1組になって歴史上の労働問題とその因果関係を理解するための活動を行い，その後2人1組で現代的問題に歴史の因果関係を応用して考えるゲームを，もう1組と対戦しながら行う。この評価を行うにあたって，池尻はプレテスト・ポストテストを行って，一人ひとりの歴史用語から連想する力，現代の労働問題を分析する因果的思考力，解決方法を考える提案力を測定した。また，プロトコル分析を行い，グループごとのテストの結果と発話内容の分析を対応させていくと，因果関係に関する発言や反論が行われることで因果関係に対する思考が深まったり，解決策の提案に対する反論が行われることで解決方法を提案する思考が深まったりしていることを見出している。また，競争型のゲームではあるが，相手チームがクリアすることを邪魔するのではなく2人2組がともに協力してゲームの学習時間を有効に使おうとすることが学習効果に影響することを示している。

以上のように，テストやワークシートの採点の結果と対話の分析データを対応させることで，協調学習で起こっている発話内容のパターンがどのようにテストやワークシートなどにおける回答結果と連関しているのかを見出そうとする研究に使われるのがこのアプローチである。多くの場合，ある分析枠組みを構築した上で，それに従って発話内容をコーディングすることが多い。この分析枠組みは理論的背景に基づいて構築すると，学習成果に至る注目すべき点を見出したり，解釈を深めたりするのに役立つ（白水 2007；Jeong 2013）。

3.2.3 直接的に学習が生じる協調プロセスを分析する

協調活動において，言葉（言語）やジェスチャー，コンピュータなど「人工物」を使いながら課題に取り組むことで協調的な活動や学習を促進することが多い。集団レベルの会話形式や間接的な効果（成績の向上など）の関係に注目する前節のアプローチと異なり，このような協調プロセスによって学習者が共同して理解度の向上を達成することに焦点を当てるのが，「直接的に学習が生

じる協調プロセスを分析する」アプローチである。教育工学の隣接領域である学習科学の分野においては，協調プロセスが直接的にどのように学習に貢献するのかに関心が集まっており，近年最も活発に研究されている分野のひとつである（Enyedy & Stevens 2014）。

その代表的な事例のひとつとして，ワーチら（Wertsch & Stone 1999）が母親と子どもがジグソーパズルを解く場面における学習プロセスを研究したものがある。母親は子どもにまずモデルを見る，対応するピースを見つける，そしてパズルの適切な場所に置くよう言語的に促すことから始める。すると，子どもは母親のそれらの発言と同じ独り言を言いながらパズルを解く。ワーチらは，このプロセスについて，母親との言語を伴うやりとりをとおして子ども自身がその思考過程を獲得（内化）したと指摘した。この分析は，母親または子ども個人よりも2人の相互のやりとりのプロセスを分析の対象とし，パズルを解く早さなどの間接的な効果よりも，言語を介して話をする中で2人が相互に意味を作り上げたり共有したりしていく間主観性（Intersubjectivity）という協調の直接的な効果に焦点を当てている点で前節のアプローチと異なる。

しかし，このアプローチでは学習者一人ひとりの学習内容に対する理解を全く無視するというわけではない。その代表例としてロシェル（Roschelle 1992）を紹介しよう。

ロシェルは，2人以上のグループがどのように会話や概念，経験の意味を共有し，構築するのか？　という問題意識をもって，コンピュータ上の物理シミュレーションを使って速度と加速度の概念について学習する2人の高校生の会話分析を行った。ロシェルは，高校生の会話から5つのシーンに焦点を当て，図3-9のように各シーンにおける①生徒の発言内容に加え，②シミュレーションの画面，③手によるジェスチャーの関係を示しながら，物体のある時点の速度ベクトルに対して加速度ベクトルが加わると物体の速度ベクトルが変化する現象の科学的な理解を深めていく協調プロセスを示した。

ワーチらと同様に，ロシェルの分析も個人よりも2人組のペアを単位として，ペア単位の直接的な成果（言語やジェスチャー，シミュレーションを伴う協調プロセス）に焦点を当てて分析しているが，同時に，ペアの協調プロセスをとおして一人ひとりの加速度の物理概念の理解が促進されているかについても分

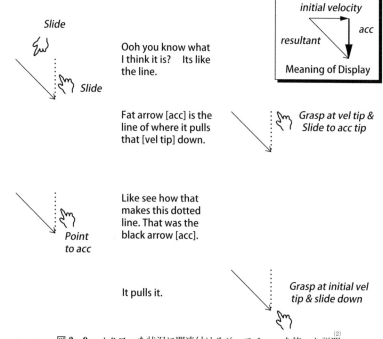

図 3-9 メタファを状況に関連付けるジェスチャーを使った説明[(2)]
出典：Roschelle（1992：244）.

析しており，間接的な学習効果が生じるプロセスとして協調がどのように貢献したのかを評価している。さらに学習者の発言内容だけでなく，身体動作によるジェスチャーやシミュレーション画面といったマルチ・モーダルな情報を考慮して分析している点が特徴のひとつである。

　本邦では，遠藤ら（2015）が算数の「場合の数」の授業で児童らによる知識構築を促すためにジグソー法を取り入れ，当該単元を学ぶ児童が，順列と組み合わせの考え方の違い（組み合わせでは順序を考えないため重なりがあること）に気づく過程を分析して報告する際に，このアプローチが用いられている。この研究では，児童一人ひとりが多様な視点で解き方について議論する学習プロセスで，学習者の理解がどのように進むことで，より長期にわたる理解につながっているのかを 2 つの方法を用いて分析している。一つは，児童ら（教師の介入を含む）の発話プロトコルとワークシートに書かれた表象（総当たり組

第3章 協調学習の評価・分析へのアプローチ

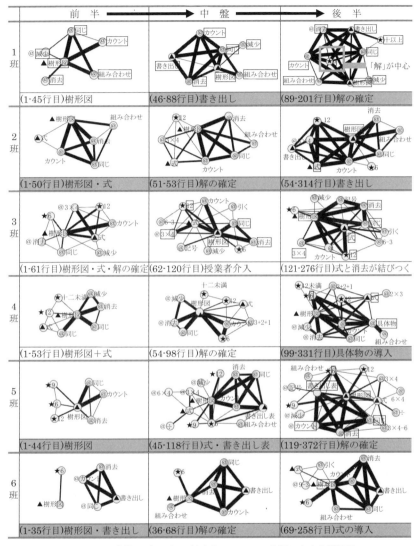

図3-10 遠藤ら（2015）の社会ネットワーク分析による分析結果
出典：遠藤ほか（2015：369）.

み合わせの記述や樹形図）を照らし合わせて学習プロセスを分析するマイクロジェネティック法（Chinn & Sherin 2014；藤江 2007）である。もう一つは授業中の発話内容に含まれる学習内容に関するキーワードの発話頻度をネットワーク分析し，児童の発話内容がどのように組織化されながら理解が深まったのかを分析するために，社会ネットワーク分析（Social Network Analysis）[3]を用いている。この分析では Knowledge Building Discourse Explorer（KBDeX）（Oshima et al. 2012）と呼ばれる社会ネットワーク分析ソフトウェアを使用した。KBDeX は，児童の発話プロトコルと，学習内容に関するキーワードを設定すると，その学習過程がどのように進展し，学習者が理解を深めていっているのかを可視化することができる（図3-10）。その結果，マイクロジェネティック法による分析では，1班と3班では順列の12組を書き出して確認する活動が起きなかったことが明らかになり，KBDeX を用いたネットワーク分析では，1班では解法と方略について話し合いが行われなかったことが確認されたことや，3班では順列と組み合わせの重なりの議論で生じるべき「同じ」「消去」「カウント」のネットワーク形成が起きなかったことが明らかになった。また，これら2つの分析をとおして，さまざまな表象を用いて解法の方略について対話的な話し合いが行われた班では，十分な理解が深まっていったことを論じている。

　また，前出のシロウズら（Shirouzu et al. 2002）でも，協調活動の結果の違いを実験的に比較するだけでなく，その結果に至る過程の発話プロトコルが分析されている。この際，ビデオで撮影された外化物（折られた折り紙）との関係から，大学生の知識表象がどのように認識されているのかを精緻に分析している。

　以上のように，直接的に学習が生じる協調プロセスを分析するときには，発言内容に焦点を絞ることもあるし，発言間の関係やジェスチャー，（コンピュータ・）ツールなどマルチ・モーダルなデータを用いて協調プロセスやその促進・阻害効果を評価しようとすることもあるのが特徴的である。なお，発話のタイミングや順序，ジェスチャーといった情報を含めたトランスクリプトの作成文法についてはエスノメソドロジーに基づいた会話分析に理論的な蓄積があるので参照されたい[4]。

　エニエディらも指摘するように，協調プロセスそのものを分析することで協

調プロセスの促進効果に着目するアプローチは，「協調の仕方が学習のプロセスと成果に重要である」という協調プロセスの核心となる前提に着目した研究手法であり，今後も研究の進展が期待される分野のひとつといっていいだろう。

3.2.4 学びとしての協調プロセスを分析する

このアプローチでは，学習を個人の中の認知的な能力や表象の改善とみるのではなく，学習を社会的な活動として捉え，他の学習者や人工物との相互作用の中で達成されるものであるという立場を取る。この立場では，すべての学習は社会的なものとして捉えられ，他のリソース（協調する学習者や人工物）との相互作用の中で文化的実践が成り立ち，人々の能力が発現されるという立場を取る。

たとえば，ハッチンス（Hutchins 1990）は，大型船舶を航行するときの協同作業を社会的分散認知システムとして分析している。狭い航路を通る際には，船の位置の測定をかなり短い間隔で行う必要がある。この作業を行うときには，方位測定係が目測で海岸線の目標物の真北からの方位を測定し，それを方位測時記録係に電話で伝え，方位測時記録係は方位日誌にその方位を記録し，さらに隣の作図係が海図に位置決め線を引き，現在位置が確認されるというプロセスを取る。このプロセスをとおしてみると，それぞれの係の行為は分業して並行に行われているが，それぞれの作業は電話や方位日誌，海図といった人工物と相互作用することで組織化され，さらに相互観察が可能なオープンな状態になっていることで調整が行われ，全体的な協調作業が自然に達成できる社会分散認知システムになっていることを示している。

このように，社会文化的な実践の中で，集団による協調プロセスの中でどのように実践が達成されているのかをみる，すなわち学習が成立しているのかをみるアプローチが，「学びとしての協調プロセスを分析する」アプローチである。

本邦では，望月ら（2014）が，1人1台のノート型パソコンを使用した協調学習場面における協調作業を円滑にするために，学習者が相互のデスクトップ画面の状況を共有するソフトウェア LiveScreenBoard を開発し，その効果について検討する際にこのアプローチで分析している。望月ら（2014）は，図

第1部 協調学習

```
[6973] A：h ふふふふふ
[6974] B：hh なに hh
[6975] A：いま B のみてた
[6975] B：//hh はははは h
[6977] A：絵きれいだな：：と思って景色
[6980] B：絶対なんか空気とか超きれいそうじゃない？　いやされる
[6994] B：hh A の文字多いな
[6995] A：そうなのよ：（1）だから：どうしようと思って
[6701] B：でも画像入れるんでしょ？
[6702] A：入れる入れる（1）画像の入れ方まだ分かる気がしないからやってな
        いの（1）
        そ：なんだよ字がさ　スキー場の魅力がさ　大変なことになってるん
        だよ
[6712] B：ふふ h：
```

図 3-11　望月ら（2014）の事例における学習者 B の画面と，学習者 A・B の発話内容
学習者 A の画面状況が LiveScreenBoard 右上に表示されている．［　］は時間（秒）．

3-11 のような画面を見ながら旅行企画のプレゼンテーションを共同で作成する学習者 A と B の 2 人の学習者の発話を分析して，このような画面共有のリソースを使うことでいかに協調が成立しているのかを分析している．ペアで提案を作成するに当たって，A はスキー旅行，B は箱根旅行の提案プレゼンテーションをそれぞれ別々に作成している．

この会話では，まず LiveScreenBoard を使ってAがBの作業の状況を確認するところから始まる。Aは特に何か明示的な依頼がされることもなく，Bのスライドの制作の様子を観察し始めた。そして［6973］～［6975］のやりとりをとおして，Aが何を見ているのかを確認している。そして「絵きれいだな：：と思って景色」とスライド中の写真について感想を述べた［6977］。このとき，Bは，Aが自分のスライドに埋め込まれている写真のことに言及していることを認識しており，正しく応答することができている［6980］。これは LiveScreenBoard の使用中に，相手に自分の現在の画面の様子が伝わっていることを，Bが十分理解できていることの証左といえる。

この後，BもAの作業状況を自発的に観察し始め，写真が入ったBのスライドと，文字主体で作られているAのスライド（図3-11右上）の差が相互に確認されることになった。そして，BはAのスライドが文字ばかりであることを指摘した［6994］。

それに対してAは「どうしようと思って」［6995］と相談を持ちかけている。「どうしよう」の内容は［6702］によって，スキー場の魅力を述べようとすると字が「大変なこと」になっていることであることが示されている。つまりここで起きていたことは，Aが LiveScreenBoard のBの画像を見て感想を述べたことをきっかけに，相互にスライドの見比べが生じ，Aが自身のスライドを一歩引いて（客体化して）観察する契機となり，自身のスライドの問題点を自覚するようになった過程であると分析できる。

このように，分業で行われている作品制作でも，お互いの作品の観察・比較という協調プロセスの中でのリフレクションが LiveScreenBoard によって自然に実現していたことを示している。自己の作品を客体化するとともに，協調作業の相手の作品の良さや自分の作品の改善点に気づき，問題を認識し，それを指摘しあうことで，単に比較するだけでなく，「どうしようと思って」とアドバイスを求める発話までみられた。最終的に，「画像の入れ方まだ分かる気がしない」という別の問題によって，「やっていない」という状態が保持されてしまうが，Bからは「画像入れるんでしょ」という作品改善の確認がなされており，役割分業を越えて，作品の改善につながる可能性をもったやりとりが行われたことがわかる。これはAにとっての実践場面に即した学習機会であっ

たといえ，社会的分散認知を成立させるために必要な，役割分業を越えた柔軟な分業の調整機会である創発的分業（加藤 2004）のための重要なリソースとなっていたことを示している。

このように協調プロセスの成立の様子を分析するだけでなく，社会文化的な実践としての学習という観点から，学びが協調のプロセスとして成立する過程をみるときに，社会文化的学習理論を踏まえてそのプロセスを描き出す研究もある。

たとえば，加藤ら（1999）は，アルゴリズム教育のための相撲対戦シミュレーションゲーム「アルゴアリーナ」を開発し，その評価をエスノメソドロジーによって行っている。アルゴアリーナは，相撲対戦における力士の挙動や戦略をプログラム言語で記述し，他者のプログラムした力士と対戦させる活動をとおして，アルゴリズムの基本的な考え方を学習するソフトウェアである。対戦ゲームをとおした協調学習の中で，プログラミングを主要な実践とする学習コミュニティを構築し，その実践への正統的周辺参加（Lave & Wenger 1991）を実現しようとしている。加藤らは正統的周辺参加論からみて学習をコミュニティへの参加を通したアイデンティティの発達と捉え，アルゴアリーナで学習する学習者が，相互行為の中でアイデンティティを社会的にどのように示しながら学習を進めていくのかを示している。具体的には，成員カテゴリー分析を行い，実践の当初は初心者としてのアイデンティティを表出していた学習者（今川）の変容を描き出している。たとえば，次の対話の内容を以下のように分析している。

1月31日
大村：メモ用紙を今川に見せる「あほ，昨日考えてきたったぞ」（1-1）
今川：「完全にコンピュータ・オタクやな」（1-2）
大村：「昨日な，夜，暇やってんか」（1-3）
今川：「わかってる」（1-4）
大村：「ちゃうって」（1-5）
今川：「はまってきたぞ，大村．ちゃうって，自分でも気づかへんねんって」（1-6）
大村：「おお，そうやんけ．やばいやんけ俺」（1-7）
今川：「不良になっても気づかへんのと同じや」（1-8）
大村：「うそや．気づかへんのけ不良になってて．俺，気づくぞ」（1-9）

第3章　協調学習の評価・分析へのアプローチ

　今川は大村のことを「コンピュータ・オタク」（1-2）と呼んでいる。このオタクというカテゴリーは，通常，オタクでない普通の人からみたときに使われるカテゴリーであり，同時に今川は自分自身が「非・オタク」のカテゴリーに属すると考えていることを示している。それに対して大村はいったん反論をしようとするが（1-5），「おお，そうやんけ．やばいやんけ俺」といって同意している。二人の間では，大村＝オタク，今川＝非オタクであることが承認されている。
　しかしこれは，学習が進むにつれて認識が変わってくる。

2月6日
今川：「どういうこと，これ．俺も技いっぱい入れたろ（聞き取り不能）それ何ページ？」（2-1）マニュアルを手にとってページめくる
井原：「（聞き取り不能）」（2-2）
今川：「もー，俺もマニアになってしまいそうやわ」（2-3）
井原：「そやった？」（2-4）
今川：「おお．こんなんにはまってるよお」（2-5）

　1週間後の授業（大村は欠席）では，今川は「はまって」（2-5）「マニアになってしまいそう」（2-3）であると言う。マニアは，「オタク」ほどではないにせよ，その意味はほぼ同等のものであると判断されるし，少なくとも，「非・オタク」から「マニア」に自分の位置付けが変わりつつあることがわかる。そして，さらに1週間後の授業では，今川は勝ち続ける力士を作り，その強さについて次のように語っている。

2月13日
今川：「全勝，おれだけやんけ」（3-1）
大村：「ははは，全勝なんけ」（3-2）
今川：「全勝」（3-3）
大村：「すげえな」（3-4）
今川：「だって，大村っちゃんがいいひん間に，俺の内容，思いっきり変わってんな．IFELSEとか，ぶわあ，思いっきり．俺，（聞き取り不能）」（3-5）

73

第1部 協調学習

　ここで今川は，IFELSE などの構文を多く使って複雑なプログラムを書いていること，それが自分の強さの根拠であることをいっている。このように理由を説明していることで，2人の間では IFELSE を多く使ったプログラムは強いという了解が得られていると判断される。今川はすでに IFELSE のようなプログラミング言語の観点から力士の強さを説明するようになり，それを大村と共有できるようになっている。ここまで来て，今川は強い力士というよりも強いプログラムを書くことができることに焦点化しており，プログラマーらしさを表出するようになった。しかも，より複雑な制御構文を使ったプログラミングをすることに価値を見出すようになり，プログラマー的なアイデンティティを発達させていった。

　以上のように，他者や人工物を介した実践の相互作用の中で，学びを達成していく過程をつぶさに追っていくのに適したアプローチである。具体的な分析方法としてはエスノメソドロジーやプロトコル分析などの方法が用いられる。

3.2.5　学習プロセスにおける学習者にとっての学びを分析する

　表3-4に整理された協調学習の分析アプローチは主に協調学習プロセスを分析対象とし，直接的ないし間接的な学習効果との間の関係をみるものであった。しかし学習をより社会構成主義的に捉え，主観的・間主観的な現実の多様性や構築性に焦点を当て，当事者にとってどのような学習だったのかを追究するアプローチもある。

　たとえば山内（2003）は，高校の中で科学について学ぶ生徒の学習共同体（MSN）と学校外の科学の専門家集団の共同体（YSN）とをネットワークを介して結んだ多層の学習共同体の実践を，参与観察のフィールドノーツとインフォーマルインタビューをもとに分析している。その結果，2つの集団で行われている実践が重なり合う中で，一人ひとりのネットワークへの親和性や科学観，学習観が多様であることや，実践の特殊性によって，2つの学習者集団の実践や重なり領域の実践への参画の仕方やプロセスが多様になり得ることを示した。そしてネットワークを活用して2つの共同体を越境するような実践では，学習者一人ひとりの参加の仕方やプロセスを意識しながら，学習環境を検討していくことの必要性を見出している。

また，森（2009）は，初年次教育における協調学習を参与観察し，レポートや半構造化インタビューなどのデータも含めて分析をした結果，初年次の協調学習では，前期には親和動機を基調にした〈仲良しクラブ型〉のデザインが望ましいこと，後期にはそうした親和動機が低下してくる中で，学習本来の動機づけの有無によってクラスのグループ化が生じており，他者との相互作用の中で学習できるプログラムをデザインすることの必要性を見出している。

　奥本・岩瀬（2012）は大学院における Project-Based Learning（PBL）に学習者が自発的に参加する過程を明らかにするために，学習者に対して事後インタビューを行っている。修正版グラウンデッド・セオリー・アプローチ（M-GTA）（木下 1999）によって分析を行った結果，チーム活動の中で意志決定に参与して協力体制を作り，責任を自覚し，具体的な問題発見を行う社会的なプロセスの中で，自発的行動が生じうるというモデルを提案している。

　このように，前述の4つのアプローチは学習プロセスにおいて何らかの形で可視化された客観的データ（発話も含む）のみを分析対象とするのに対し，このアプローチではインタビューで得られた学習者の主観的データを用いる点が大きく異なる。インタビューの中で語られる学習者の発話内容は，「客観的に」起こった事実であったかどうかは定かではない。しかし，インタビュアーとの相互関係の中で可視化されたデータであるという意味では事実である。それぞれの学習者がその語りをどのように組織化し，意味づけているのかを追究することで，学習環境デザインへのインプリケーションを追究しようとするのがこのアプローチである。

3.3　協調学習の分析・評価の今後

　協調学習の評価・分析へのアプローチの実際は日進月歩である。ここでは今後に向けていくつか議論し，研究を深めていくべき問題を紹介したい。

3.3.1　協調学習を分析するための統計手法
　協調学習のデータ分析をする際には，もちろん質的なアプローチだけでなく量的なアプローチを取ることがあり，その場合には統計的な検定を行ったりす

ることがある。しかし，近年では，協調学習におけるデータ分析について，特に定量的な分析をする際に注意するべき点がある。t検定や分散分析といった標準的な統計手法では，標本の独立性が前提となっている。しかし，そもそも協調学習は学習者同士の相互作用を前提としているため，学習者データは独立するはずがないのに，独立性を前提とした統計的な分析を行う研究がこれまでも多くなされてきた。このため，グループレベルでの学習支援が行えたかどうかを検討する問題が，分析としては個人レベルの問題に限られてしまい，結果として数理的にも誤った分析となってしまうとの指摘がなされている。この問題に対しては，個人ではなくグループ単位で分析をする方法のほか，階層的データ分析またはマルチレベル分析などの多変量解析を用いることが提案されている（Cress 2008；北村 2010b）。北村（2010b）は，グループ集計データによる分析，ロバスト標準誤差を用いた回帰分析，階層線型モデル，マルチレベル共分散構造分析の4つの統計手法の適用可能性について整理している。しかし，これらはいずれも多くのサンプル数を要求するため，教室における授業実践研究では制約が大きいことから，研究計画を立てるにあたっては十分に検討する必要があると述べている。

3.3.2 Productive Multivocality

　本章の冒頭で，協調学習をどのように捉えるかによって，評価・分析のアプローチは変わってくると述べた。しかし，協調学習という複雑な活動・現象の本質を明らかにする上では，1つのアプローチだけでは十分ではないのではないかとの指摘がなされるようになってきた。サザースら（Suthers et al. 2013）は，たとえば個人の知識変化に焦点を当てる研究者，グループによる知識変化プロセスを描き出す研究者，グループの中の社会的役割を見出す研究者など，複数の分析視点で1つのデータをみていくことで，協調学習プロセスの解釈の質を生産的に向上することができると論じ，いくつかの研究例を示している。本章で紹介した中では，遠藤ら（2015）がこのアプローチを採用している。これまではデータの解釈は，複数の種類のデータを用いて解釈の根拠を確認するトライアンギュレーションを行うことが一般的であったが，より幅広い視点から分析・解釈することで，その本質をより深く見極めていこうとする動きが進

む可能性がある。

注
(1) 教授実験とは，研究者自身が教授活動を行い，その過程の中で生徒の数学的な思考，学習，発達を観察したり，やりとり仮説を検証したりする方法を指す。詳しくは Cobb & Steffe（1983）を参照のこと。
(2) 図 3 - 9 右上の図はシミュレーション中の画面自体ではなく，シミュレーションが従っている物理モデルを指す。
(3) 社会ネットワーク分析は主に電子掲示板上の記録データを用いて，個人・グループ間でのコミュニケーションによる協調学習過程の様相を定量的に明らかにする上で有用な方法である。たとえばザンら（Zhang et al., 2009）は，協調学習支援システム「Knowledge Forum™」を用いた授業実践を 3 年間行い，その記録データを使ってネットワーク分析を行い，個人・グループ間でのノートの引用（関連付け）を通した協調プロセスが年度ごとに変化している様子を示した。オオシマら（Oshima et al. 2012）は，ネットワーク分析における中心性（centrality）だけでなく，他の性質（中間性，近接性など）も含めた探索的な分析を支援するソフトウェア Knowledge Building Discourse Explorer（KBDeX）を開発している。これに対し，五十嵐・丸野（2008）は，授業中の児童の発言に含まれる語の形態素を用いて，児童どうしの口頭発言の間の語の共起関係をネットワーク分析することで，グループ内での「発言相互の繋がり」を定量的に可視化・評価する手法を提案している。
(4) 和文では山崎（2004）が初心者に参考になる。

参考文献

秋田喜代美（2005）「学校でのアクション・リサーチ——学校との協働生成的研究」秋田喜代美・恒吉僚子・佐藤学（編）『教育研究のメソドロジー——学校参加型マインドへのいざない』東京大学出版会．

安斎勇樹・益川弘如・山内祐平（2013）「創発的コラボレーションを促すワークショップの活動構成——アナロジカル・ジグソーメソッドの効果の検討」『日本教育工学会論文誌』37(3)：287-297.

Aronson, E., & Patnoe, S. (2011) *Cooperation in the Classroom : The Jigsaw Method*, 3rd ed., Pinter & Martin, Ltd.

Brown, A. L. (1992) "Design Experiments : Theoretical and Methodological Challenges in Creating Complex Interventions in Classroom Settings," *The Journal of the Learning Sciences*, 2(2)：141-178.

Carver, S. M. (2006) "Assessing for Deep Understanding," R. K. Sawyer (Ed.) *The Cambridge Handbook of the Learning Sciences*, New York：Cambridge University Press.（S. M. カーヴァー（著），吉岡敦子（訳）「深い理解を評価する」R. K. ソーヤー（編）森敏昭・秋田喜代美（監訳）『学習科学ハンドブック』培風館．）

Chi, M. T. H. (1997) "Quantifying qualitative analyses of verbal data: A practical guide," *The Journal of the Learning Sciences*, 6: 271-315.

Chinn, C. A., & Sherin, B. L. (2014) "Microgenetic Methods," R. K. Sawyer (Ed.) *The Cambridge Handbook of the Learning Sciences*, 2nd ed., Cambridge University Press.（C. A. クラーク・B. L. シェリン（著），望月俊男（訳）（印刷中）「マイクロジェネティック法」森敏昭・秋田喜代美・大島純・白水始（監訳）『学習科学ハンドブック　第二版　第1巻』北大路書房．）

Clement, J. (2008) "The role of explanaroty models in teaching for conceptual change," Vosniadou, S. (Ed.) *Handbook of Research on Conceptual Change*, Taylor & Francis.

Cobb, P. & Steffe, L. P. (1983) "The constructivist researcher as teacher and model builder," *Journal for Research in Mathematics Education*, 28: 258-277.

Collins, A. (1992) "Toward a Design Science of Education," E. Scanlon & T. O'Shea (Eds.) *New directions in educational technology*, Springer-Verlag.

Cress, U. (2008) "The need for considering multilevel analysis in CSCL research: An appeal for the use of more advanced statistical methods," *International Journal of Computer-Supported Collaborative Learning*, 3: 69-84.

江口聡・大島純・大島律子（2007）「協同問題解決を支援するカード型補助教材の開発と評価——授業実践の理解と解釈の過程に着目して」『日本教育工学会論文誌』31(2), 239-247.

Ellis, A. (2007) "A taxonomy for categorizing generalizations: Generalizing actions and reflection generalizations," *Journal of the Learning Sciences*, 16 (2): 221-262.

遠藤育男・益川弘如・大島純・大島律子（2015）「知識構築プロセスを安定して引き起こす協調学習実践の検証」『日本教育工学会論文誌』38(4)：363-376.

Enyedy, N. & Stevens, R. (2014) "Analyzing collaboration," R. K. Sawyer (Ed.) *The Cambridge Handbook of the Learning Sciences*, 2nd ed., Cambridge University Press.（N. エニエディ・R. スチーブンス（著），大島律子（訳）（印刷中）「協調を分析する」森敏昭・秋田喜代美・大島純・白水始（監訳）『学習科学ハンドブック　第二版　第1巻』北大路書房．）

藤江康彦（2007）「学習における方略の変化：マイクロジェネティックアプローチ」能智正博（監修），秋田喜代美・藤江康彦（編）『はじめての質的研究法：教育学習編』東京図書．

B. グレイザー・A. ストラウス（著），後藤隆・水野節夫・大出春江（訳）（1996）『データ対話型理論の発見——調査からいかに理論をうみだすか』新曜社．

Hutchins, E. (1990) "The technology of team navigation," R. Galegher, R. Kraut, & C. Egido (Eds.) *Intellectual teamwork: Social and technical bases of cooperative work*, Lawrence Erlbaum Associates.（E. ハッチンス（著），宮田義郎（訳）（1992）「チーム航行のテクノロジー」安西祐一郎・石崎俊・大津由紀雄・波多野誼余夫・溝口文雄（編）『認知科学ハンドブック』共立出版．）

五十嵐亮・丸野俊一（2008）「教室談話における「発言相互の繋がり」を可視化する分析方

法の開発と適用」『日本教育工学会論文誌』32(1)：189-198.

池尻良平（2011）「歴史の因果関係を現代に応用する力を育成するカードゲーム教材のデザインと評価」『日本教育工学会論文誌』34(4)：375-386.

石井成郎・三輪和久（2001）「創造的問題解決における協調認知プロセス」『認知科学』8(2)：151-168.

Jeong, H. (2013) "Verbal data analysis for understanding interactions," C. Hmelo-Silver, A. M. O'Donnell, C. Chan, & C. Chinn (Eds.) *The International Handbook of Collaborative Learning*, Routledge.

鹿毛雅治・加藤浩・落合健一・岩沢透・鈴木栄幸・井出有紀子（1997）「協同学習を支援するメディアの特質に関する研究」『日本教育工学雑誌』21(2)：93-105.

海保博之・原田悦子（1993）『プロトコル分析入門』新曜社.

加藤浩（2004）「協調学習環境における創発的分業の分析とデザイン」『ヒューマンインタフェース学会論文誌』6(2)：161-168.

加藤浩，井出有紀子，鈴木栄幸（1999）「状況論的アプローチによる情報教育のための協同学習環境のデザインと評価：プログラム対戦ゲーム「アルゴアリーナ」の開発と実践」『情報処理学会論文誌』40(5)：2497-2507.

木下康仁（1999）『グラウンデッド・セオリー・アプローチ――質的実証研究の再生』弘文堂.

岸学（2012）「実験研究の方法」清水康敬・中山実・向後千春（編著）『教育工学研究の方法』ミネルヴァ書房.

北村智（2010a）「デジタル教材を評価する」山内祐平（編）『デジタル教材の教育学』東京大学出版会.

北村智（2010b）「協調学習研究における理論的関心と分析方法の整合性――階層的データを扱う統計的分析手法の整理」『日本教育工学会論文誌』33(3)：343-352.

北澤武，望月俊男（2014）「教職の職業理解を目指した教師教育のデザイン研究――大学と教育現場の経験をつなぐSNSによる介入の効果」『科学教育研究』38(2)：117-134.

Lave, J. & Wenger, E. (1991) *Situated Learning : Legitimate peripheral participation*, Cambridge University Press.（J. レイヴ・E. ウェンガー（著）佐伯胖（訳）（1993）『状況に埋め込まれた学習――正統的周辺参加』産業図書.）

益川弘如（2004）「ノート共有吟味システムReCoNoteを利用した大学生のための知識構成型協調学習活動支援」『教育心理学研究』52(3)：331-343.

益川弘如（2012）「デザイン研究・デザイン実験の方法」清水康敬・中山実・向後千春（編著）『教育工学研究の方法』ミネルヴァ書房.

箕浦康子（編著）（1999）『フィールドワークの技法と実際――マイクロ・エスノグラフィー入門』ミネルヴァ書房.

三宅なほみ（2012）「評価」三宅芳雄（編）『教育心理学特論』放送大学教育振興会.

宮崎清孝（2001）「AV機器が研究者によって実践に持ち込まれるという出来事」石黒広昭（編）『AV機器を持ってフィールドへ』新曜社.

望月俊男・加藤浩・八重樫文・永盛祐介・西森年寿・藤田忍（2007）「ProBoPortable――

プロジェクト学習における分業状態を可視化する携帯電話ソフトウェアの開発と評価」『日本教育工学会論文誌』31(2)：199-209.

望月俊男・大浦弘樹・八重樫文・西森年寿・加藤浩 (2014)「LiveScreenBoard——創発的分業を促すパーソナルデスクトップ共有ツールの開発と評価」『日本教育工学会論文誌』38(3)：211-223.

森朋子 (2009)「初年次における協調学習のエスノグラフィ」『日本教育工学会論文誌』33(1)：31-40.

永岡慶三・植野真臣・山内祐平（編著）(2012)『教育工学における学習評価』ミネルヴァ書房.

根本淳子・柴田喜幸・鈴木克明 (2011)「学習デザインの改善と学習の深化を目指したデザイン研究アプローチを用いた実践」『日本教育工学会論文誌』35(3)：259-268.

西森年寿・中原淳・杉本圭優・浦嶋憲明・荒地美和・永岡慶三 (2001)「遠隔教育における役割を導入した討論を支援する CSCL の開発と評価」『日本教育工学雑誌』25(2)：103-114.

西森年寿・加藤浩・望月俊男・八重樫文・久松慎一・尾澤重知 (2006)「高等教育におけるグループ課題探究型学習活動を支援するシステムの開発と実践」『日本教育工学会論文誌』29(3)：289-297.

西阪仰 (1997)『相互行為分析という視点——文化と心の社会学的記述』金子書房.

岡田猛 (1997)「発話の分析」中澤潤・大野木裕明・南博文（編）『心理学マニュアル 観察法』北大路書房.

奥本素子・岩瀬峰代 (2012)「プロジェクトベースドラーニングにおける自発的行動分析」『日本教育工学会論文誌』36(3)：205-215.

大島純 (2007)「学習環境形成のデザイン実験」能智正博（監修），秋田喜代美・藤江康彦（編）『はじめての質的研究法——教育学習編』東京図書.

Oshima, J., Oshima, R., & Matsuzawa, Y. (2012) "Knowledge Building Discourse Explorer : A social network analysis application for knowledge building discourse," *Educational Technology Research and Development*, 60：903-921.

大島律子・大島純・村山功 (2002)「CSCL 環境における参加構造の統制と対話ルールの教示が学習に及ぼす効果」『日本教育工学会論文誌』26(2)：55-64.

大島律子・湯浅且敏・大島純・上田芳伸 (2013)「グループ活動を形成的に分析・評価する授業デザインの検討」『日本教育工学会論文誌』26(2)：23-34.

大谷尚 (1997)「質的研究が教育工学において目指すもの」平山満義（編）『質的研究法による授業研究』北大路書房.

尾澤重知・望月俊男・江木啓訓・藤野敦・柴原宜幸・田部井潤・井下理 (2003)「学習者構成型授業における教授法と学習環境デザイン実験研究の評価」『日本教育工学雑誌』27(Suppl.)：73-76.

尾澤重知・望月俊男・江木啓訓・國藤進 (2004)「グループ間相互評価による協調学習の再吟味支援の効果」『日本教育工学雑誌』28(4)：281-294.

Pellegrino, J. W., Chudowsky, N., & Glaser, R. (Eds.) (2001) *Knowing What Students*

Know : The Science and Design of Educational Assessment, National Academies Press.

Roschelle, J. (1992) "Learning By Collaborating: Convergent Conceptual Change," *The Journal of the Learning Sciences*, 2(3): 235-276.

Rovai, A. P. (2002) "Development of an instrument to measure classroom community," *Internet and Higher Education*, 5: 197-211.

齊藤萌木(2014)「学習記録に基づく学習環境デザインの機能の解明の試み――仮説実験授業『空気と水』における「説明モデル」の活用と吟味の生起に注目して」『科学教育研究』38(2): 84-96.

坂本美紀・山口悦司・稲垣成哲・大島純・大島律子・村山功・中山迅・竹中真希子・山本智一・藤本雅司・橘早苗(2010)「知識構築型アーギュメントの獲得:小学生を対象とした科学技術問題に関するカリキュラムの開発と改善を通して」『教育心理学研究』58(1): 95-107.

清水康隆・中山実・向後千春(編著)(2012)『教育工学研究の方法』ミネルヴァ書房.

Shirouzu, H., Miyake, N., & Masukawa, H. (2002) "Cognitively active externalization for situated reflection," *Cognitive Science*, 26(4): 469-501.

白水始(2007)「協調学習における理解深化プロセスをどうとらえるか」能智正博(監修),秋田喜代美・藤江康彦(編)『はじめての質的研究法――教育学習編』東京図書.

Stevens, R. (2000) "Divisions of labor in school and in the workplace: Comparing computer and paper-supported activities across settings," *Journal of the Learning Sciences*, 9(4): 373-401.

Suthers, D. D., Lund, K., Rosé, C. P., Teplovs, C., & Law, N. (2013) *Productive Multivocality in the Analysis of Group Interactions*, Springer.

鈴木栄幸・加藤浩(1995)「共同学習のための教育ツール「アルゴブロック」」『認知科学』2(1): 36-47.

鈴木聡・鈴木宏昭(2011)「ピアコメントの産出・閲覧による大学生のレポートの改善の試み」『情報処理学会論文誌』52: 3150-3158.

竹中真希子・稲垣成哲・大島純・大島律子・村山功・山口悦司・中山迅・山本智一(2002)「Web Knowledge Forum®を利用した理科授業のデザイン実験」『科学教育研究』26(1): 66-77.

田中耕治(2008)『教育評価』岩波書店.

Wertsch, J. V., & Stone, C. A. (1999) "The concept of internalization in Vygotsky's account of the genesis of higher mental functions," P. Lloyd, & C. Fernyhough (Eds.) *Lev Vygotsky : Critical assessments (Vol. 1) Vygotsky's theory*, Taylor & Francis/Routledge.

やまだようこ(2006)「質的心理学とナラティヴ研究の基礎概念――ナラティヴ・ターンと物語的自己」『心理学評論』49(3): 436-463.

山内祐平(2003)「学校と専門家を結ぶ実践共同体のエスノグラフィー」『日本教育工学雑誌』26(4), 299-308.

山崎敬一(編)(2004)『実践エスノメソドロジー入門』有斐閣.

Zhang, J., Scardamalia, M., Reeve, R., & Messina, R. (2009) "Designs for collective cognitive responsibility in knowledge-building communities," *The Journal of the Learning Sciences*, 18: 7-44.

第 2 部
協調学習の支援

第4章

インタラクションの支援
―― 相互行為支援の立場から

鈴木栄幸・林　一雅

　この章では，相互行為の視点から協調学習の支援について考える。以下では，まず相互行為を定義し，学習支援との関わりについて述べる。その後，相互行為における身体の役割に関するいくつかの研究例を提示してから，相互行為リソースとしての身体に着目した協調学習支援システムの実例を挙げる。あわせて，教室の空間設計をとおした学習環境デザインの試みについても紹介する。

4.1　協調学習と相互行為リソースとしての身体

　相互行為とは，複数の主体が行為を相互に発することをとおして文脈や意味を作り出す働きである。たとえば，Aさんの「おはよう」という発話に対してBさんが「おはよう」と応じることをとおして，そこに朝の挨拶という文脈が作られ，同時に，「おはよう」という言葉が「朝の挨拶」という意味をもつものとして位置づけられる。もし，Bさんがここで，「ふざけるなよ，今昼だろ」と答え，Aさんがいたずらっぽく笑ったとしたら，Aさんの「おはよう」は，「冗談」として定位されることになる。この事例が示唆していることをまとめると，第一に，意味が行為のシーケンスをとおして（単独の行為によってではなく）発生しているということ，第二に，このシーケンスをとおして文脈（ここでは，朝の挨拶という文脈）が構成され，その中で「おはよう」という言葉の意味が理解可能になっていること，第三に，「おはよう」という言葉が挨拶として聞かれるということをとおして，朝の挨拶の場という文脈が作られているということである。大事なことは，ある文脈の中に置かれたときに言葉の意味が確定するというだけでなく，その言葉がそのような意味をもつものとして現れるということをもって文脈が構成・維持されるという相互反映の関係にあ

ることである。ここでは，一例として朝の挨拶を挙げたが，私たちは，相互行為によって出来事を編成しつづけることで自らの住まう世界を作り出している。同じものを見ているということ，問題が解決したこと，今喧嘩が始まったこと，そして，ある人が知識を身につけているということ。これらはすべて相互行為の産物に他ならない。

　以上のような立場にたてば，相互行為とは，「学習がなされている」「学習がなされた」という事態を協同的に作り上げる作用そのものであり，相互行為の組織化はそこで行われる学習のあり方を規定することになる。これは，協調学習においてももちろん当てはまる。一般的な理解として，協調学習とは学習者らが意見や評価を伝え合ったり，対象を一緒に操作したりしながら協同的に理解を構成していく過程であるが，相互行為の視点からみれば，この過程がまさに相互行為の積み重ねによって達成されるものだということができる。この意味で，相互行為支援は協調学習支援の基盤だといえる。

　協調学習を支援するためのデザインには，加藤・鈴木（2001）が提唱するようなヒト，コト，モノの3側面からの統合的接近が要請されるが，ここでは，とくにモノのデザインに着目する。ここでモノとは，ある理念に基づいてデザインされ，人々の行為のあり方を一定方向に制約するような人工物を指す。厳密にいうと人工物には数式や記号，用語といったメンタルなものも含まれるが，ここでは，物理空間上の位置を占める人工物，すなわち，我々が自らの身体を駆使して関わるような人工物に絞って論じる。

　空間を物理的に占める人工物に関わろうとするとき，否応なく身体動作が引き起こされる。たとえば，そちらに視線を向ける，腕を伸ばして摑んだり指さしたりする，身体を向ける，といったことが必然的に発生する。これらの身体動作のあるものは，その場に参加している人々にとって観察可能であり，相互行為のための材料として利用されることになる。以下で詳述するが，たとえば，ある方向を見たり指さしたりすることは，「あのさ，あの上に（ある物を指さす）」-「あれ？（その物の方を見る）」-「そうそう」といった会話の中に組み込まれ，「同じ対象を見た」，という事態を作りあげる相互行為のための材料となっている。これを相互行為リソースと呼ぶ。

　以下では，相互行為における身体の役割について，会話分析や相互行為分析

の先行研究に基づいて論じた後，相互行為リソースとしての身体に着目した協調学習支援の事例として，タンジブルインタフェースを利用した協調学習支援システム，インタラクティブ・テーブルトップ，タブレット端末による協調学習を紹介する．最後に，より大きな範囲を含む相互行為デザインの試みとして，教室の空間設計をとおした学習環境デザインについて述べる．

4.2 会話分析における身体

相互行為研究の主要な一分野として会話分析（Sacks 1972；Sacks et al. 1974；Shegloff et al. 1973）の研究がある．会話分析は，ハロルド・ガーフィンケル（Harold Garfinkel）のエスノメソドロジー（Garfinkel 1967）から発展した研究プログラムである．隣接対や成員カテゴリー化装置といった概念を駆使して，発話のシーケンス（すなわち会話）をとおした意味の局所的な生成のあり方を記述・分析するものである．局所的とは相互行為が行われているその場において意味が作られることを示す言葉である．先の挨拶の例において，「おはよう」の意味はAとBの会話に先立って存在しているのではなく，Aが「おはよう」といい，Bが「おはよう」と応じた，まさにその場‐その時（つまり「局所」）において，両者にとって明らかなものとして作られていると考えるのである．

初期の研究が主に録音された素材を用いたこともあり，会話分析の多くの先行研究が発話のみを分析対象としているが，会話の進行において身体（たとえば，視線，ジェスチャー，身体の配置など）の果たす役割は大きい．以下に，会話分析において身体がどのように分析されてきたかを示す．

4.2.1 視　　線

会話における視線の役割を取り扱った研究としてチャールズ・グッディン（Charles Goodwin）の話し手性の構成に関わる研究（Goodwin 1981）がある．人は何かを話すことによって簡単に話し手になれるわけではない．そのためには，これから話し手になるという意図を他者に示し，他者によってそれが承認される必要がある．この承認は，多くの場合，聞き手になろうとする人が発話を差し控えるとともに，話し手になろうとしている人の方に注意を向けることに

よって示される．グッディンが示した例では，話を始めようとする人（A）が，相手（B）の視線をモニターして，その視線が自分に向くのを確認してから話を始める様子が示されている．ここで視線は，相手に対して注意を払っていることを外的に可視化するものとして機能している．このことによって，Bの聞き手性が明らかになり，Aは話し手性を獲得・維持できたのである．話し手性と聞き手性は行為のシーケンスをとおして構成されているといえるが，この相互行為の達成において視線は大きな役割を果たしている．

　ここで注意すべきは，第一に，話し手性と聞き手性は相補的に構成されるということ（Aが話し手であることがBを聞き手とし，Bが聞き手であることがAを話し手にするということ）である．第二に，視線と言語的やりとりの相補性（すなわち，言語的やりとりの中に組み込まれることで視線の働きが現れ，同時に，視線の働きと組み合わせられることで言語的やりとりの意味がつくられるということ）である．

4.2.2　指 さ し

　指さしは，ある対象を指し示す行動であるが（Clark 2005），その場にいる他者からもそれが観察可能であることにより，指さしている人の注意の方向を社会的に表示するとともに，他の人の注意をそこに導く働きをもつ．互いの注意の方向が互いに観察できることで，二人が同じ場所に注意を向けているという状況が作られる．これにより，何らかの認知的・身体的作業のための焦点化された共有領域が構築され，その文脈の中でその指さしの意味も改めて作られる（Goodwin 2003）．

　指さしは，会話のコントロールにも関連する．安井（2014）は，食事中の4人の会話を分析し，指さしが「ターンの要求」場面の構成に関わっていることを示している．ここでターンとは，話す権利（順番）である．安井が示した場面において，Aは，鶏肉が食べられない祖母の話をしている．食べられない理由として，頭部を切断された鶏が走っているという衝撃的シーンを祖母が見てしまったためであることがAによって語られると同時に，Bが，「いや，待って」といってAを指さす．この指さしと「待って」という発言が同時になされることで，Bがターンをとって話したいと思うような何らかの話題を思いつい

たこと，そして，Aのトークが，その内容を思いつくきっかけであったことが示されると分析している．現実にはAはトークを継続したが，その間，BはAを指さし続けていた．このことで，ターン要求が継続されていることが参加者全員から観察可能となっていた．Aがトークを継続する中でBは指さしをいったん取りやめるが，Aがトークを切り上げると同時に，再び指さしを行ってターンを獲得して話し始める．指さしを取りやめたときもBは手の位置を保持しており，このことから，ターンをとったときの指さしは先の指さしの復活とみることができる．この一連の動作が，Bの発話意図（首を切断された鶏が走るというエピソードに関連した何らかの話題について話したいという意図）の継続を構成していると安井は論じている．実際，Bが自分のターンで話したのは，ある映画の中で鶏の首が切られた場面に関するものであったという．

4.2.3 身体の配置，動き

身体をある方向に向けることも注意の方向を示すが，ある一点を示す指さしと違って，身体は志向の大枠を示すことになる．よって複数の人々が身体を向け合うことで，そこには，会話や作業への参加枠組（領域）が生成される．このことをアダム・ケンドン（Adam Kendon）は，作業領域（Transactional Segment）とF陣形（F-Formation）という概念を使って説明した（Kendon 1990）．ケンドンによれば，我々の体の前方には作業領域と呼ばれるような，何らかの作業をするための空間が拡がっていると考える（作業領域は，従事する活動の種類によって広さが変化する）．複数の人間が身体を近づけ，各人の作業領域がオーバーラップしたとき，そこに，それらの人々が協同的に作業する空間が構成される．ケンドンはこのような身体の配置をF陣形と呼んだ．F陣形が作る境界の内部にいるということは，そこで行われている会話や作業に参加していることを示す．逆に，その境界の外に出てしまうことは，会話や作業からの脱却を意味する．F陣形をとって会話する人々に対して陣形の外から話しかけた場合，それが会話する人々に聞こえたとしても，それは，そこで進行している会話に参加しているとは見なされない．そこに可視化されるのは，「会話の輪の外から介入しようとする人」に過ぎない．

相互行為における身体の動きの働きについては，グッディンが事例を挙げて

いる。この場面では，二人の人間が食事をしている。Aの話を聞きながらBはナイフとフォークを使って食べ物を口に運んでいる。しかし，Aの話が佳境になり，話の「落ち」が近づくとBは手の動きを止めてAを見る。身体の動きを停止させるという「動き」によって，BがAに注意を向けて何かを待っていることが示される。この動きが見えることでAはすんなりと「落ち」に進むことができたと考えられる。先に『「落ち」が近づくと』と言ったが，もちろん，ここでBが「落ち」を予見していたか否かは知りようがない。少なくともいえることは，Bが身体の動きを止めてAを見る，という行為によって，Bが待ちの姿勢に入った，ということが両者によって明らかに示され，そのことが「落ちの手前」を協同的に作り出したということである。

　以上の事例より，相互行為リソースとしての身体の働きをまとめると以下のようになる。

　　a. 注意の方向の可視化
　　b. 作業焦点／協同作業領域の形成と維持
　　c. 会話進行のコントロール

　これらは，他者とともに何らかの協同作業を行う際に必然的になされることであり，しかも，我々は，ほとんど意識することなく自らの身体を用いてこれらのことを成し遂げている。ここから，身体の相互行為リソースとしての働きを活用することは，グループ作業をはじめとする協同作業における相互行為を円滑化することが期待される。その意味で，相互行為リソースとしての身体に着目することは協同学習支援の重要な側面だということができる。

4.3　身体と人工物デザイン

　どのようにすれば，相互行為リソースとしての身体を活かすような人工物がデザインできるのだろうか。先に挙げた例が示すように，最も重要なことは，観察可能性の確保である。ただし，単に身体やその動きが互いに観察できるだけでは足りない。相互行為とは，互いの行為によって影響を与えあいながら進

行するものであり，そのためには，自分の身体が相手によってどのように見られているかがモニターできる必要があるし，そのようにモニターしていることが相手からも把握される必要がある．このことを細かく砕くと次のようになるだろう．

1. 行為者Aの身体の動きが他者Bから見えること
2. 行為者Aから他者Bの身体の動きが見えること
3. 自分の行為が他者Bにどのように見られているかが（他者Bの反応などをとおして），行為者Aにわかること，
4. 行為者Aが上記3.の気づきにあることが（行為者Aの反応などをとおして）他者Bにわかること．

以上が確保されて初めて，身体は相互行為リソースとして利用可能となる．相互行為の支援を目指す人工物は，このことを確保するようにデザインするべきである．このデザイン方針は，対面の協調学習だけではなく，遠隔協調学習環境のデザインにも適応可能である．その場合，手や身体はモニター上に投影され，時としてマウスポインタが身体を代替することになるが，確保すべきポイントは同じである．山崎ら (2001) は，遠隔指示システムの設計のために身体メタファーという考え方を提案している．これは，対面状況で教示を行うインストラクターと生徒の身体配置を，メディアによって拡張された空間においても同じ布置になるように再現することで，遠隔指示環境においても相互行為リソースとしての身体の利用を可能にしようとするものである．

4.4 相互行為支援の実例

ここでは，相互行為リソースとしての身体に着目して設計された協調学習支援システムと教室の空間デザインの実例を挙げながら，それらがどのように相互行為を支援しているのかについて論じる．

4.4.1 タンジブルインタフェース

タンジブルインタフェースとは，物理的な実体を操作するようなインタフェースである。Oppl & Stary（2014）は，机上で実体物が操作できるようなタンジブルインタフェースのメリットとして，協調作業促進と外的表現の操作をとおした認知モデルの形成を挙げている。ここでは，物理的な実体を操作することによる協調プログラミングの支援に注目した「アルゴブロック」と，地球儀とタンジブルアバターにより太陽と地球の時間・空間的関係の理解を促す「タンジブル地球儀システム」を例に，タンジブルインタフェースによる学習支援について論じる。

① アルゴブロック

アルゴブロック（鈴木・加藤 1991；Suzuki & Kato 1993）は，協同プログラミング学習の支援を目的とするタンジブルなプログラミング言語である（図4-1）。物理的実体をもつブロックにプログラミング言語のコマンドが割り当てられており，それらのブロックを手で接続することで画面上の潜水艦を操作するためのプログラムを作成することができる。言語の仕様は Logo のタートルグラフィックスに似ており，前進，回転など，潜水艦を動作させるコマンドに加えて，繰り返し，条件分岐などの制御コマンドが用意されている。ブロックにはパラメータ入力用のスイッチが取り付けてあり，前進や回転の距離や角度，繰り返しの回数等を設定することができる。

アルゴブロックのデザインが，相互行為リソースとしての身体の利用をどのように支援しているかを以下に示す。

第一に，物理的実体をもつという特徴によって，アルゴブロックの操作は，複数の学習者がテーブル上のブロックを取り囲むようにしてなされる（図4-1参照）。このような身体配置はF陣形を構成する。つまり，参加者らがアルゴブロックを操作しようと身体を向けることで，そこに作業領域の重なりが作られ，自然な形で協同作業の境界線が形成されるのである。アルゴブロックの利用場面のビデオ分析では，身体をブロックから反らしたり，再びブロックに向き直ったりといった身体の動きによって，話し合いからの一時的離脱と再合流が構成されていた。また，身体をブロックに向け続けることをとおして，プ

第 2 部 協調学習の支援

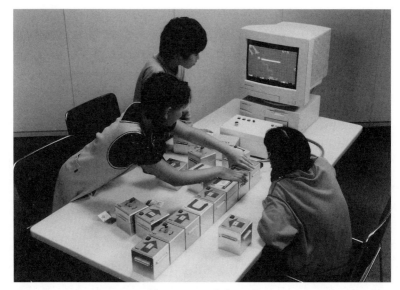

図 4-1 アルゴブロック

グラミングを終えて実行確認に移ろうとする他の学習者に抵抗し，プログラミング作業の続行を主張するような様子も観察された。

　第二に，アルゴブロックでは，プログラミング作業が，ブロックの接続・切り離し，パラメータボタンの操作といった外から観察可能な身体動作に変換される。このことによって，その時点で誰が何を考えているのか，何をしようとしているのかが，参加者らによってモニター可能となる。ビデオ分析では，ある学習者の操作を見ていた他の参加者が，自然な形で，その続きのアイデアをブロックの追加接続という形で提案するような場面が観察された。このような協同的アイデア生成は，互いの意図が身体の動きとして外在化することに加えて，そのような自分の動きが他者から見られていることが意識されていることによって可能となるのである。

　アルゴブロックを操作することで必然的に発生する身体動作は，周辺的アウェアネス（Heath & Luff 2000）を提供していた。周辺的アウェアネスとは，焦点化されている作業の周辺部で発生している出来事や参加者の動きに関する気づきであり，協調作業の組織化のための重要な要素である。クリスチャン・

ヒース（Christion Heath）らは，ロンドンの地下鉄のコントロール室のエスノグラフィにおいて，係員が，少し離れたところで別の作業をしている他の係員の状況を把握しながら作業の調整を行う様子を描き出している。これと同様のことがアルゴブロックを使った学習場面でも観察されている。プログラミングに取り組む中で別の作業が同時並行で進むことがあったが，その時でも，学習者は互いが何をしているのかを大まかに把握しており，必要に応じて，他の学習者の作業結果を利用していた。加藤（2004）は，学習者らが協同的に分業を構成・再構成していくことを創発的分業と呼んで協調学習支援の核に据えたが，周辺的アウェアネスは，まさに創発的分業の前提条件となるものである。このような周辺的アウェアネスを可能にしていたのは，プログラミング操作が観察しやすい身体動作に変換されるというアルゴブロックの特徴に他ならない。

　以上，アルゴブロックのデザインが身体を相互行為リソース化することに寄与していることを示した。

　アルゴブロックにおける実体物の位置づけは，サラ・プライス（Sara Price）の分類によれば象徴的（シンボリック）なものである（Price 2008）。すなわち，アルゴブロックの各ブロックはコマンド機能という抽象的な対象をあらわす記号となっている。これに対して，実体物とそれが表現する対象が直接的な類似関係によって結びついている状態をプライスはリテラル（literal）と呼んだ。このようなシステムの例としてタンジブル地球儀がある。

② タンジブル地球儀

　タンジブル地球儀（葛岡ほか 2014）とは，手で触って操作できる地球儀とアバター（人形）を使ったシミュレーションをとおして，学習者が太陽と地球の時間系・空間的関係を理解するのを支援するシステムである（タンジブルインタフェースによる天体教材としては，瀬戸崎ら（2012）もある）。

　このシステムは，地球儀，アバター，回転台，2つの天体シミュレータ，太陽モデルから構成される。2つの天体シミュレータは，地上視点と太陽系俯瞰視点の映像を表示している。これらのシミュレータ内の時刻は，地球儀の自転と回転台の回転（公転の代替）に同期して変化するように制御される。地球儀，アバター，太陽モデルは，地球－太陽俯瞰視点を提供する。アバターは，地球

第2部　協調学習の支援

図4-2　タンジブル地球儀

儀上にあらかじめ用意した装着点（日本，オーストラリア）に差し込み，身体を水平方向に，頭を鉛直方向に回転させることが可能である。天体シミュレータには国立天文台が開発した Mitaka が利用されている。人形を地球儀に差し込むと，地上視点シミュレータは，アバターの緯度・経度に対応した場所から見た天空の映像を表示し（地上視点），その視線の方向は，人形の頭と身体の向きに対応するように制御されている。太陽系俯瞰視点の映像では，地球儀が乗っている回転台の回転に伴って，地球が太陽の周りを公転する様子を観察できる。タンジブル地球儀は，太陽 - 地球のモデルをリテラルに実体化したシステムであり，サイズこそ違うものの，太陽や地球，そして地上に立つ人の位置関係が保存されている。

　このシステムでは，実体物（地球儀やアバター）を操作することで自分の理解を外的な形で表現し（これは俯瞰的視点に基づく表現である），即時のシミュレーションにより現実（地上視点からの見え方）との対応を確認することができる。このような操作をとおして，学習者は俯瞰視点と地上視点が統合された，地球と太陽の動きに関する認知的モデルを形成していくことができる。

　このシステムを協調学習に用いるならば，アルゴブロックにおいてそうであったように，学習者らは視線，指さし，身体配置等を相互行為リソースとして利用しながら，太陽と地球の動きの関係に関する議論を進行させていくことになるだろう。なぜなら，触って操作できる地球やアバターを使って考えるこ

とで意図や思考が外化されるからである．加えて，タンジブル地球儀においては，身体はそれ以上の役割を果たす可能性がある．たとえば，AとBの2人が「地上から太陽を見る」という状況についてタンジブル地球儀を使って考えているとする．その中でAは自分の指を矢印のように使って太陽からの地球に向かう光線を示し，これを見た学習者Bが，アバターの視線を延長する線を腕と指を使って引くかもしれない．このとき，シミュレーション画面で確認しながらアバターの見上げ角を調整していくならば，2人は，「地上から太陽が見えている」という状況が，モデル上では「お互いの指差しが平行になること（太陽光と視線が平行になること）」として表現されることに気づくことになるだろう．議論の過程で見解の相違が生じた場合には，彼らは，身体を動かしながら自分のアイデアを示し，相手の身体の動きからその考えを推し量りながら，共通の理解を模索していくことになるだろう．この場面で彼らがしていることは，実体物として置かれた地球‐太陽モデルの中に自らの身体を利用してアノテーションもしくは補助線を組み込みつつ，理解を構成する作業だといえる．ここで彼らの身体は，ある共通理解に達したことを相互行為的に構成するためのリソースであると同時に，モデルの一部分にもなっており，その動きは，モデルの動きそのものである．これは，リテラルなタンジブルシステムにおける身体利用の特徴である．もちろん，このことを可能にしているのは，互いの身体の相互的な観察可能性である．

4.4.2 インタラクティブ・テーブルトップ

テーブル上に置いて，それを学習者らが取り囲むような体勢で操作するというアルゴブロックの特徴を別の方法で実現したシステムとしてインタラクティブ・テーブルトップを用いた協調学習システムがある．インタラクティブ・テーブルトップとは，机の天板に大きな平面ディスプレーを設置した装置（その装置上で稼働するソフトウェアを含む）である．ディスプレーは単なる情報提示装置ではなく，タッチ動作等によってインタラクティブに操作することができる．利用者は，机を取り囲み，机上に表示されたコンテンツを一緒に見たり操作したりしながら学習していく．このようなアイデアは，CSCW（Computer Supported Collaborative Work）から発生したものであるが，近年では，学

習支援のために利用されることも多い。応用範囲は，算数（Rick et al. 2011；Khandelwal & Mazalek 2007），読むことの訓練（Sluis et al. 2004），理科（Shaer et al. 2010；瀬戸崎ほか 2012），博物館学習（Geller 2006）と幅広い。

アン・マリー・パイパー（Anne Marie Piper）らが指摘するように，水平に置かれたディスプレーを取り囲んで作業することで，学習者らは，手や腕，身体全体を使って画面上の情報に同時アクセスすることができる（Piper et al. 2012）。このことは，身体をリソースとした相互行為を支援することになる。パイパーらの分析では，学生Aがディスプレー上の図を使って神経細胞の働きについて説明しているときに学生Bが自分の手を停止させて聞いている様子，そして，Aが図の上から下に向かって手を動かしながら「過分極化される」（Hyperpolarized）と言うと同時にBがAと同じように手を動かしながら「そうそう」（Yeah）と発話する様子が示されている。この場面についてパイパーらは，手の動き（Bが手の動きを止めていたこと）によりBがAの説明を聞いているという状況が作られること，また，BがAと同じ手の動きをしながら，「そうそう」ということによって，AとBの間の合意が可視化されると論じている。

リックら（Rick et al. 2011）は，インタラクティブ・テーブルトップのメリットとして，周辺的アウェアネス（自分から少し離れた部分で他者が何をしているかがなんとなくわかること）を挙げている。周辺的アウェアネスが確保されていれば，中心的作業から外れた学習者が別のことをしているときでもそれが他の学習者から見えており，その作業があるきっかけによって中心的作業の中に取り込まれたり，重要な分業として位置づけ直されたりするといった可能性が開かれるのである。この周辺的アウェアネスを生み出しているのは，テーブルトップの物理的形状だといえる。すなわち，水平に置かれた大きなディスプレーを操作するには，必然的に大きな身体動作が伴い，それによって，少し離れた他者の作業状況が周辺視野に入ることになるのである。

4.4.3　タブレット端末

相互行為リソースとしての身体という考え方は，タブレット端末のような，多くの教育現場において利用されている道具について考える際にも有効である。

タブレット端末とは，板状のボードに指やスタイラスペンに反応するセンサーが組み込まれたタッチパネルをもち，キーボードやマウスのような従来のポインティングデバイスを不要としたものである（堀内・宮嵜 2012）。タブレット端末の学校での利用は，2015年の時点で一種のブームとなっている。大規模な社会実験として教育現場でのタブレット端末の利用が試みられ，その成果が（もちろん同時に問題点も）報告されている。

　ところで，今流行しているということ以外に，敢えてタブレット端末を利用するメリットはあるのだろうか。デジタル教科書のようなものを個人的に閲覧するような使い方であれば，タブレット端末である必要は可搬性を除けばあまりないかもしれない。相互行為リソースとしての身体という考え方は，このような疑問について考えるヒントになる。先述したインタラクティブ・テーブルトップと同様に，タブレット端末は薄い画面を水平に置いて使うという物理的特徴を持っており，その画面は小さいものの，周りから複数人で覗き込むことや，画面を指さしながら議論することを可能とする。このとき，学習者らは互いの身体の動きをモニターし，それを相互行為リソースとして利用することができる。そう考えれば，タブレット端末のメリットは協調学習にあるといえそうである。実際，アルヴァルスら（Alvarez et al. 2011）は，大学生によるグループ議論の場を利用してノートパソコンとタブレット端末を比較し，タブレット端末が学生間の言語的・身体的インタラクションを促進し，それによって議論が活性化され，メンバーの議論への参加も促されたと報告している。一方で，液晶画面を垂直に立てて使うノートパソコンを使った場合，学生の視線は自分の画面に留まり，それによって身体動作も固定化され，会話は隣の参加者とのものに限定されがちであったという。ノートパソコンは垂直の液晶画面によって他者との作業領域（Transactional Segment）のオーバーラップを排除するようにデザインされている。そのことで利用者は，カフェの相席テーブル等においても個人作業に没頭できる。これはノートパソコンの大きなメリットである。ただそれを協調学習で利用しようとした時には，その特徴ゆえの制約が生じるのである。相互行為リソースとしての身体の視点から各種ツールを捉えれば，どのタイミングで何を使うべきなのかが判断できるはずである。

　個人的作業と協調作業が簡単に切り替えられることもタブレット端末の長所

図4-3 タブレット端末による個人作業　　図4-4 タブレット端末による協調作業

である。端末を両腕の間に置いて覗き込むような姿勢をとれば，個人の作業領域に集中することができる（図4-3）。このような姿勢をとっていることは他の参加者からも観察可能であり，個人的作業をしていることが社会的に表示される。しかし，頭を上げ，端末を他者の視線の中に差し入れるならば，そこに積極的に協調作業の領域を構成することができる。また，複数人が端末を持ちよって一緒に覗き込みながら情報交換するような活動もタブレットの物理的形状により容易である（図4-4）。さらに，端末を他者から引き離すことで容易に協調作業を解除することができる。

　このように，タブレット端末は，個人作業と協調作業の間を柔軟に行き来できるという特徴をもっている。このような特徴を活かした協調学習システムにXingBoard（鈴木・舟生・久保田 2013, 2014）がある。

　XingBoard（クロッシングボード）は，個人作業とグループ作業間の往復を可能とした付箋紙型 CSCL システムである。このシステムでは，タブレット端末の画面上に付箋紙カードを配置し，文字を入力したり，カードを移動したりできる。このシステムの特徴の一つは，複数のタブレット端末を格子状に合わせて置いて1枚のシートのように取り扱えることである（図4-4参照）。この時，端末上のカードをタッチして移動させたい端末の方向に向かってフリックすることで，カードを端末の境界を越えて移動させることができる。具体的には図4-5のように，移動させたいカード上をタッチした指を数秒の間静止

第4章　インタラクションの支援

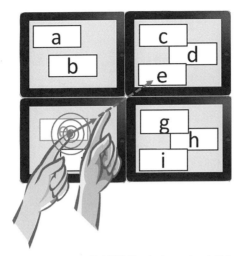

図 4-5　カードの端末間移動のためのフリック操作

させてから（その間に，赤い波紋上のグラフィックがカード上に表示される），指を移動させたい方向に向かって軽く弾くように動かす。この機能により，持ち寄った個人作業の結果をグループで話し合いながら統合することが可能となる。もう一つの特徴は，分配コピー機能である。分配コピーを使えば，グループ作業の結果（複数の端末上にまとめられているもの）を各人のタブレット端末にコピーできる（カード間の距離は自動的に縮小される）。この機能により全体議論の結果を持ち帰り，個人で振り返ったり，再編集したりすることが可能となる。

　XingBoard を利用する学習者は，タブレット端末の物理的特徴を利用して個人作業とグループ作業の境界を構成していくことができる。これは，タブレット端末を取り扱うときに必然的に発生する身体の動きや姿勢が，他の学習者から観察可能になっていることによっている。カードをフリック動作で端末間移動させるというインタフェースも，身体の動きを相互行為リソースとして利用することを考えてデザインされている。カードを他の端末に移動させる操作はフリック動作を使わなくても実現できる。たとえば，画面上にグループメンバーを示すアイコンを表示しておき，カードをドラッグしてそのアイコン上に置くといったインタフェースも可能である。カードを選択してから，メン

バーのアイコンをクリックするという操作もありうる。このような多様な可能性の中からフリック動作を選択したのは，指と腕の動きによって意図が可視化されるからである。フリック動作によってカードを移動させようとしたとき，指は移動させたいカード上で一旦静止する。この静止と赤い波紋表示により，これからカードを他の端末に移動しようとしているという意図が可視化される。これによって他の学習者は，そのカードを移動することの是非を議論したり，移動に備えた体勢をとることができる。また，カードを移動した時，操作者の手は移動先の端末を指さすように動く。この動作により，カードがどこに移動したのかが参加者全員に示される。よって，学習者らは，移動先の端末に注目し，その領域に関する議論をスタートさせることができる。このように，XingBoardのカード移動インタフェースは，身体を相互行為リソースとして利用できるようにデザインされている。

4.4.4 学習空間のデザイン

相互行為支援の視点から学習空間デザインとその教育方法について，説明する。本節では，初等中等教育機関と高等教育機関とにそれぞれ分けて，学習空間のデザインについて，事例も含めて紹介する。

「学習空間」とは，教育工学事典（奈須 2000：70）によると「学習活動が行われる空間，いわゆる学びの場のこと」である。奈須はその「空間的特質は，そこで実施される教授・学習活動を制限し，あるいは方向づけ，ひいては学習の質に少なからぬ影響を与えている。したがって，学習空間の特質に自覚的になること，さらには授業のねらいに即して学習空間をさまざまにコントロールすることは，授業づくりの要件の1つである。」としている。

文部省学制百年史編集委員会（1972：546）によると，日本の学校建築は，主に2つの系統から発展しており，「その一つは従来の寺子屋式とも称すべきもので，寺院や神社，民家や，有力者の住宅・能舞台などを借り受け，または改造して造ったもの，他の一つは西洋式ともいうべきもので，洋学の移入に伴って輸入されてきた校舎の形式である」。学校建築とともに小学校の教室環境は，鉄筋コンクリート構造で片側廊下一文字型校舎を基本として，一斉進度学習を想定し，9.10m×7.28m（5間×4間）の大きさに前方には教壇を設置し，

児童生徒の机が並ぶというのが，標準的な教室のモデルである（上野 2008）。このような空間デザインのもつ制約によって，「前方に立つ教師を児童生徒が一斉に見る」という，いわゆる学校的な体勢が作られ，その中で，学校は，教師が児童生徒に知識を伝達する場として構成されると考えられる。

これに対して，イギリスやアメリカの教育改革の影響を受けて，日本国内でも1970年代以降にオープンスクール運動として，学校建築の新しいモデルへの転換と画一的・一斉的な教育方法からの脱却を目指して，さまざまな教育活動の試みが行われている。たとえば，愛知県東浦町立緒川小学校は，1978年に校舎を全面改修して，教室の廊下側に壁のない開放的なオープンスペースを設置した（宮島 2007）。この改修により，指導の個別化と学習の個性化を図る教育指導を開始した。その他に児童と教師とのコミュニケーションの機会を増やすために，職員室を設けずに教室と教室の間に教師コーナーを設けて，教師たちのスペースとして活用しているのは，福岡市立博多小学校や千葉市立打瀬小学校である（工藤 2004）。これらの試みは，学校を新しく建設や改修することにより，教育方法や児童と教師間のインタラクションの変化を促した事例である。

稲垣・佐藤（1996）は，権力空間としての教室からの脱却として，教壇の撤去により，教師の言葉が「伝達と説明」から「語りと対話」へと接近すると説明している。これは，これまでの伝統的な教室の机と椅子の配置が一斉授業に適した教室空間を構成しており，教師を中心に「一望監視システム」として構成された権力空間を表現するとしている。このような一方向性に対して，大学のゼミナールのような机と椅子を「コの字型」や「対面型」に組み替えて，子ども同士のコミュニケーションを促進して，協調学習を行う試みが行われている。

高等教育機関における学習空間は，大学校舎やキャンパスは多様で大学独自の特色があるように見受けられるが，教室環境については，初等中等教育機関と大きな違いは見られない。

一般教養等の講義においては，数百人の学生が収容可能な階段教室やホール等に代表される講義室が主な大学の学習空間である。その他に，理工系や医科歯科薬科系，芸術系等の大学では，実験室や演習室等の専門分野の教室が設置されている。また，大学図書館も学習空間であり，最近では，ラーニングコモ

第2部　協調学習の支援

図4-6　ノースカロライナ州立大学 SCALE-UP 教室

ンズといわれる学習に役立つ図書館としての場の提供が注目されている。

　高等教育の学習空間に特化した学術雑誌 The Journal of Learning Spaces が2011年に発刊されている。この論文誌では，学習空間のデザイン，運用，教授法（Pedagogy）等の分野において，原著論文や事例研究，書評を受け付けており，研究成果が報告されている。さらに，Learning Spaces（Oblinger 2006）には，北米を中心とした大学の学習空間の事例が43件掲載されている。

　次に，大学の学習環境を変えることで，アクティブラーニングを推進する取り組みについて，特色のある学習空間を紹介する。大学教育が数の上では，十分にいきわたっているアメリカでは，1990年代から大学の教育力強化のためにアクティブラーニングの導入を推進している。これらの潮流は，日本の大学に大きな影響を与えている。最近では，ICT を活用した教室設計等も実施されており，学生主体の教育方法と併せて大学での教室環境も変化している。

　図4-6に示すノースカロライナ州立大学の物理教室は，全米の大学や中等教育学校へ影響を与えており，同様の教室と教育手法が普及している。このプ

第4章　インタラクションの支援

図4-7　マサチューセッツ工科大学 TEAL Studio

ロジェクトは，スケールアップ（SCALE-UP：Student-Centered Activities for Large Enrollment Undergraduate Physics）として始まり，全米の大学に普及していくことで，名称が Student-Centered Active Learning Environment for Undergraduate Programs になり，さらに初等中等教育にまで拡がったことから Student-Centered Active Learning Environment with Upside-Down Pedagogies に変化している。このスケールアップ・プロジェクトでは，従来の教室を改装して，当初は7テーブルに54人教室を作り，さらに11テーブルに9名の学生を配置した大教室も作って，協調学習により授業を構成している（Beichner et al. 2006）。

さらに，マサチューセッツ工科大学でも同様のプロジェクト（TEAL Project：Technology Enabled Active Learning Project）として，2000年にスタジオ型教室が設置された（図4-7）。電磁気学の授業を従来型の教室で従来型の授業方法で実施したクラスと新しいスタジオ型教室で協調学習の授業方法で実施したクラスを比較した結果，従来型の教室で実施したクラスよりもスタジオ型教室で実施した協調学習のクラスの方が，テスト結果が高いことを示した（Dori

図4-8 公立はこだて未来大学（撮影：渡辺雄貴）

& Belcher 2005)。

　日本国内の大学においても，同様のスタジオ型教室が，2000年に開学した公立はこだて未来大学にある（美馬・山内 2005）。このキャンパスは，オープンスペース，オープンマインドという精神で校舎をデザインしており，教員と学生の間に双方向の学びの回路を創り，学生同士が共に学び合うことを意図している。図4-8に示すのは，校舎の上階から階下を見下ろした写真で，階段上に教員室と学生の作業スペースが構成されており，5階吹き抜けの開放的なオープンスペースとなっている。C&D（Communication & Design）講義室という教室も授業形態に柔軟に対応できるように可動式の什器が導入されており，日本の大学の学習環境としては先駆的な存在である。

　他にも，図4-9に示す東京大学教養学部にある駒場アクティブラーニングスタジオ（Komaba Active Learning Studio：KALS）（山内 2010）と 21 Komaba Center for Educational Excellence（21 KOMCEE）の教室がアクティブラーニングを推進するための教室として注目されている。21 KOMCEE は，駒場アクティブラーニングスタジオをパイロットとして，スタジオ教室を9教室配置

第4章　インタラクションの支援

図4-9　東京大学教養学部駒場アクティブラーニングスタジオ
出典：http://www.kals.c.u-tokyo.ac.jp

して，廊下には，授業前後に教員や学生同士で交流や自習等ができるスペースを設けた教育棟を整備している（永田・林 2016）。これらは，教養学部前期課程に所属する約6000人の学生らにさまざまな教育環境を体験させる狙いもある。この駒場アクティブラーニングスタジオの設計要件は，フレキシブルな学習空間，授業前後で活用可能な空間，授業を支援する空間であり，林（2010）の研究では，授業形態により学習空間を多様に使い分けていることが報告されている。

　近藤ら（2014）は，図4-10に示す九州工業大学に新設された教室ミライズ（MILAiS）において，情報系専門科目におけるアクティブラーニングの意義について実践的な知見を基にして，学習環境の設計要件を整理している。

　これらの背景には，教室の活用や学習観の変化，教育から学習へのシフトやアクティブラーニングと言われる能動的な学びを促進することがあり，いずれも学生が協調学習することを目的としている教室環境であることが特徴である。

　スタンフォード大学では，2002年にデザインコンサルタント会社のアイディオ（IDEO）と共同でウォーレンバーグホール（Wallenberg Hall）を改装して，21世紀を目指した学習環境として，オープンで吹き抜けのシアターホール（図

図4-10　九州工業大学ミライズ
出典：http://www.milais.kyutech.ac.jp

図4-11　スタンフォード大学 Peter Wallenberg Learning Theater

4-11)，可動式の什器やスタンフォード大学情報科学科で開発されたコラボレーションソフトウェアが活用できる教室等を整えた（Wallenberg Hall at Stanford University 2002)。スタンフォード大学デザインスクール（Doorley & Witthoft 2012）では，人がスペースをつくり，スペースが人をつくる，という信念のもとで，グループワーク向けの大型文房具，家具，設備等を日々さまざまな試行錯誤を繰り広げながら自作している。

　学習空間の評価方法について，米国の高等教育機関を対象とした情報通信技術の利用促進を目的とした非営利組織のエデュコーズ（EDUCAUSE）のラーニングイニシアティブが，2014年に学習環境の格付けシステムのドラフトを公開

している（EDUCAUSE 2014）。

学習空間の格付けシステムは，学習空間を4つに分類している。将来的にはインフォーマルな学習空間も対象にする計画である。

　学習空間の4分類
　1.　セミナールーム（Discussion-Focused Classroom Designed to Support Meetings of the Full Course Cohort）
　2.　什器固定型のグループ教室（Team-Based Classrooms with Fixed Furnishing）
　3.　レクチャーホール（Presentation-Focused Classrooms）
　4.　複合型の教室（Versatile Classrooms）

上記の4分類の学習空間を対象にして，6セクションにわたって評価対象を定めている。この学習空間の格付けシステムは，学習空間の計画・設計・運用の指標，アクティブラーニング推進と学生エンゲージメントのための学習空間デザイン，大学のキャンパスを超えた学習空間の標準的なデザインとサポートの有効化，学習空間デザインのベストプラクティスの共有と比較，戦略的なアクティブラーニングの目標に向けた組織的な測定などの定量的な基準を策定し，評価を行うことを目的にしている。

4.5　活動に埋め込まれた相互行為

　以上，相互行為リソースとしての身体という視点から，協調学習のための道具，そして教室の空間デザインについて述べてきた。最後に，指さしや身体の配置の活動に埋め込まれた性質について述べてこの章を終わりたい。対象を指さすことで，我々は作業の焦点を構成することができる。そのような説明をしてきた。もちろん，そのことに誤りはない。しかし，大事なことは，「指さし一般」というものは存在しないということであり，そうであれば，その指さしが一般的な「作業焦点」をその場につくりだすということもあり得ないということである。指さすという行為は，必ず「何か」を指さす行為であり，作業の

焦点も必ず「何か」の作業のための焦点である。

　たとえば，アルゴブロックを使った学習場面において学習者があるブロックを指さした時，その場にいる参加者が見るものは，「とあるブロック」ではなく，プログラミング上の問題であり，何らかの解決の糸口なのである。指さしの意味は，それが埋め込まれた活動の中で決定する。そして，指さしがプログラミング上の問題を指し示すものとして構成されることをとおして，「アルゴブロック」という人工物は，プログラミングの道具として立ち現れるのである。可能性としては，アルゴブロックは，何らかのゲーム，遊びの道具として現れることが可能だが，そのような可能性を退けてプログラミングの道具となるのである。ただし，これは，プログラミングという大きな文脈が外部に存在し，その中で指さしの意味や道具の位置づけが見えるようになるということではない。プログラミングをしているという文脈は，その場的な相互行為をとおして学習者らが構成しつづけているものであり，アルゴブロックと，それを利用することで顕在化する指さし等の身体動作は，そのためのリソースとして利用されているのである。そして同時に，動作の意味や道具の位置づけは，それを利用してつくりだした文脈の中で相互反映的に決定されるのである。

　これは，他の道具でも，学習空間の物理的なデザインにおいてもあてはまることである。つまり，学習活動とそのための人工物，そしてそこで発生する相互行為を総合的にデザインしていくという視点が要請されるのである。

参考文献

Alvarez, C., Brown, C., & Nussbaum, M. (2011) "Comparative study of netbooks and tablet PCs for fostering face-to face collaborative learning," *Computers in Human Behavior*, 27: 834-844.

Beichner, R., Saul, J., Abbott, D., Morse, J., Deardorff, D., Allain, R., Bonham, S., Dancy, M., & Risley, J. (2006) "Student-Centered Activities for Large Enrollment Undergraduate Programs (SCALE-UP) project," E. F. Redish, & P. J. Cooney (Eds.) *PER-Based Reform in University Physics*, American Association of Physics Teachers.

Clark, H. H. (2005) "Coordinating with each other in a material world," *Discourse Studies*, 7 (4-5): 507-525.

Doorley, S., & Witthoft, S. (2012) *Make Space: How to Set the Stage for Creative Collaboration*, Wiley. (S. ドーリー・S. ウィットフト（著），イトーキ総合研究所（監修），藤原朝子（訳）(2012)『メイク・スペース——創造性を最大化する「場」のつくり方』CCC メ

ディアハウス.)

Dori, Y. J., & Belcher, J. (2005) "How does technology-enabled active learning affect undergraduate students' understanding of electromagnetism concepts?" *The Journal of the Learning Sciences*, 14(2): 243-279.

EDUCAUSE (2014) *Learning Space Rating System*, EDUCAUSE.

Garfinkel, H. (1967) *Studies in ethnomethodology*, Prentice Hall.

Geller, T. (2006) "Interactive tabletop exhibits in museums and galleries," *IEEE Computer Graphics and Applications*, 26(5): 6-11.

Goodwin, C. (1981) *Conversational Organization: Interaction between Speakers and Hearers*, Academic Press.

Goodwin, C. (2003) "Pointing as situated practice," S. Kita (Ed.) *Pointing: Where language, cultre and cognition meet*, Mahwa, NJ: Lawrence Erlbaum.

林一雅 (2010)「ICT支援型ラーニングスペースにおける授業の類型化:東京大学アクティブラーニングスタジオの事例から」『日本教育工学会論文誌』34(Suppl.): 113-116.

Heath, C. & Luff, P. (2000) *Technology in Action*, Cambridge University Press.

堀内泰輔・宮嵜敬 (2012)「タブレット端末の教育機関での活用」『長野工業高等専門学校紀要』46: 2-8.

稲垣忠彦・佐藤学 (1996)『授業研究入門 (子どもと教育)』岩波書店.

加藤浩 (2004)「協調学習環境における創発的分業の分析とデザイン」『ヒューマンインタフェース学会論文誌』6(2): 161-168.

加藤浩・鈴木栄幸 (2001)「協同学習環境のための社会的デザイン――「アルゴアリーナ」の設計思想と評価」加藤浩・有元典文(編)『状況論的アプローチ② 認知的道具のデザイン』金子書房.

Kendon, A. (1990) *Conducting interaction: Patterns of behavior in focused encounters*, Cambridge University Press.

Khandelwal, M., & Mazalek, A. (2007) "Teaching Table: A tangible mentor for pre-K math education," *Proceedings of the First International Conference on Tangible and Embedded Interaction*, 191-194.

近藤秀樹・田川真樹・楢原弘之 (2014)「情報系専門科目を実施可能なアクティブラーニング環境の構築」『日本教育工学会論文誌』38(3): 255-268.

工藤和美 (2004)『学校をつくろう!――子どもの心がはずむ空間』TOTO出版.

葛岡英明・鈴木靖幸・山下直美・加藤浩・鈴木栄幸・久保田善彦 (2014)「天文学習のためのタンジブル学習環境に関するデザイン原則の検討」『科学教育研究』38(2): 65-74.

美馬のゆり・山内祐平 (2005)『「未来の学び」をデザインする――空間・活動・共同体』東京大学出版会.

宮島年夫 (2007)「[実践事例] 愛知県東浦町立緒川小学校」『VIEW21 (小学校版)』2006年1月号, ベネッセ教育総合研究所.

文部省学制百年史編集委員会 (1972)『学制百年史』帝国地方行政学会.

永田敬・林一雅 (編) (2016)『アクティブラーニングのデザイン――東京大学の新しい教養

教育』東京大学出版会.
奈須正裕(2000)「学習空間」日本教育工学会(編)『教育工学事典』実教出版, 70-72.
Oblinger, D. G. (Ed.) (2006) *Learning Space*, EDUCAUSE.
Oppl, S. & Stary, C. (2014) "Facilitating shared understanding of work situations using a tangible tabletop interface," *Behaviour & Information Technology*, 33(6): 619-635.
Piper, A. M., Friedman, W., & Hollan, J. D. (2012) "Setting the stage for embodied activity: scientific discussion around a multitouch tabletop display," *International Journal of Learning Technology*, 7(1): 58-78.
Price, S. (2008) "A representation approach to conceptualizing tangible learning environments," *TEI '08 Proceedings of the 2nd international conference on Tangible and embedded interaction*, 151-158.
Rick, J., Marshall, P., & Yuill, N. (2011) "Beyond one-size-fits-all: How interactive tabletops support collaborative learning," *Proceedings of the 10th International Conference on Interaction Design and Children*, 109-117.
Sacks, H. (1972) "An Initial Investigation of the Usability of Conversational Data for Doing Sociology," D. Sudnow (Ed.) *Studies in Social Interaction*, Free Press, 31-74.
Sacks, H., Schegloff, E. A. & Jefferson, G. (1974) "A Simplest Systematics for the Organization of Turn-Taking for Conversation," *Language*, 50(4), Part 1: 696-735.
Schegloff, E. A., Sacks, H. (1973) "Opening Up Closings," *Semiotica*, VIII, 4: 289-327.
瀬戸崎典夫・岩崎勤・森田裕介(2012)「多視点型天体教材を用いた授業実践における能動的学習の効果」『日本教育工学会論文誌』36(1):81-90.
Shaer, O., & Hornecker, A. (2010) "Tangible user interfaces: Past, present, and future directions," *Foundations and Trends in Human-Computer Interaction*, 3(1-2): 1-137.
Sluis, R. J. W., Weevers, I., van Schijindel, C. H. G. J., Kolos-Mazuryk, L., Fitrianie, S., & Martens, J. B. O. S. (2004) "Read-It: Five-to-seven-year-old children learn to read in a tabletop environment," *Proceedings of IDC '04*: 73-80.
鈴木栄幸・加藤浩(1991)「問題解決能力の育成を目的とした教育環境構築の試み――アルゴブロックのコンセプト提案」『電子情報通信学会技術研究報告』91:401(ET91 99-108):49-56.
Suzuki, H. and Kato, H. (1993) "AlgoBlock: Tangible Programming Language: a Tool for Collaborative Learning," *Proceedings of EuroLOGO '93*, 297-303.
鈴木栄幸・加藤浩(1995)「共同学習のための教育ツール「アルゴブロック」」『認知科学』2(1):36-47.
鈴木栄幸・舟生日出男・久保田善彦(2013)「集散的創造活動を通した多声・文脈横断的アイデアの生成」『日本教育工学会研究報告集』13(1):59-62.
鈴木栄幸・舟生日出男・久保田善彦(2014)「個人活動とグループ活動間の往復を可能にするタブレット型思考支援ツールの開発」『日本教育工学会論文誌』38(3):225-240.
上野淳(2008)『学校建築ルネサンス』鹿島出版会.
Wallenberg Hall at Stanford University (2002) http://wallenberg.stanford.edu/

山内祐平（編）(2010)『学びの空間が大学を変える』ボイックス.
山崎敬一・三樹弘之・山崎晶子・鈴木栄幸・加藤浩・葛岡英明 (2001)「指示・道具・相互性――遠隔共同作業システムの設計とそのシステムを用いた人々の共同作業の分析」加藤浩・有元典文（編）『状況論的アプローチ②　認知的道具のデザイン』金子書房.
安井永子 (2014)「語りの開始に伴う他者への指さし――多人数会話における指さしのマルチモーダル分析」『名古屋大学文学部研究論集（文学）』59：85-99.

第5章

議論の支援

山口悦司・望月俊男

5.1 協調学習と議論

　協調学習が行われる場には，複数の人々が参加している。本章のテーマ「議論」とは，複数の人々の間で行われる言葉を介したコミュニケーションである。
　議論には，大きく分けて，2つのタイプがある（Andriessen & Baker 2014）。一つは，攻撃的議論である。攻撃的議論とは，いわゆる口論やディベートなどのことで，意見の異なる人々が口角泡を飛ばすというものである。これは，テレビの討論番組や国会中継でよく見られる。攻撃的議論の目的は，相手をやり込めることである。
　もう一つのタイプは，協調的議論である。協調的議論とは，複数の人々がお互いの意見を述べ合う中で，議論している内容について深く考えることである。協調的議論においては，とくに初期の段階で多様な意見が出る。また，未解決の問題をどのように解けばよいのかについて，さまざまな意見を述べ合う。このため，協調的議論の参加者は，単に意見を述べるというだけではなく，証拠や理由を挙げながら，ある意見がいかに正しいか，あるいはいかに間違っているかを説明し，それらに耳を傾けて考えることになる。このような協調的議論は，科学者ないしは研究者が集う学会，企業におけるプロジェクトの中でよく見られる。協調的議論の目的は，異なる意見をもつ参加者同士がそれぞれの意見を検討・吟味する中で，共通理解にたどり着いたり，異なる意見を統合してよりよい意見を作り出したりすることである。
　協調学習研究で取り上げられるのは，後者の協調的議論である。なぜなら，協調的議論は学習に対して効果をもたらすからである。では，その効果とはいったいどのようなものなのだろうか。また，学習に対して効果をもたらすた

めに，協調的議論にはいかなる支援が必要なのだろうか。さらには，その支援のために，教育工学が得意とするテクノロジ利用の観点から，どのような開発物を具体的に作り出すことができるのだろうか。

以下では，まず5.2において，協調的議論が学習に対してもたらす効果を紹介する。その後，協調的議論の支援を取り上げる。5.3において支援の原則とテクノロジのデザイン指針を整理した上で，5.4において協調的議論支援を目的として開発されたソフトウェアの事例を紹介する。最後に5.5において，テクノロジを利用した協調的議論の支援に関する今後の展望を述べる。

なお，本章では，議論全般というよりも協調的議論に焦点を当てているため，スティーヴン・トゥールミン（Stephen Toulmin）やヴァン・イームレンとロブ・グルーテンドルスト（van Eemeren and Grootendorst）といった哲学・議論学の研究者が提唱している，いわゆる議論の基本理論の解説は行っていない。また，協調的議論のテクノロジ支援を中心に取り上げているために，テクノロジ利用に限定されない議論の支援全般も解説していない。これらの解説については，協調学習ハンドブック（Chinn & Clark 2013）や学習科学ハンドブック（Andriessen & Baker 2014）の各章を参照頂きたい。

5.2 協調的議論の学習効果

協調的議論が学習に対してもたらす効果には，少なくとも次の5点がある（Chinn & Clark 2013）。

5.2.1 動機付けが高まる

協調的議論を行うことで，学習への動機づけが高まる（Chinn et al. 2001；Rogat et al. 2013）。これが，協調的議論が学習に対してもたらす1点目の効果である。たとえば，協調的議論を学校の授業に取り入れると，従来の授業よりも，児童・生徒は，学習内容についてより多く話すようになるなど，熱中して話すようになる。また，より長い時間をかけて学習しようとするようになる。

なぜ動機づけが高まるのだろうか。その理由として考えられるのは，第一に，学習者は発言する内容を自由に決めることができるからである。動機づけ研

の成果として，こうした自己決定が動機づけを高める要因であることが知られている。第二に，協調的議論は学習者同士の関わり合いを誘発するからである。学習者にとって，学習者同士で関わり合うことは，それ自体とてもやる気を引き起こす。第三に，協調的議論をとおして，学習者は他の学習者が自分の意見とは異なる意見をもっていることを知ると，どの意見がもっとも正しいのかを探究したくなるからである。すると，学習内容をより深く理解したいという目標をもつようになる。

5.2.2 学習内容の理解が深まる

　教育学研究や学習科学研究においては，議論を取り入れた学習目標について，「議論することを学習する」と「学習するために議論する」をそれぞれ区別して取り扱ってきた。議論することを学習する際の目標は，どのような要素から議論が構成されているのか，どのようにすればよりよい議論ができるのか，などを学習することである。一方，学習するために議論する際の目標は，議論のトピックとなっている内容を理解することである。たとえば，磁石とコイルを用いた実験結果をどのように説明できるかについて議論するという場合，その目標は，電磁誘導という概念を理解することである。

　協調的議論がもたらす学習効果の二点目は，学習内容の理解が深まることである。この効果は，前述の2つの目標のうち，後者の「学習するために議論する」を目標とした協調的議論に関係する。これまでの協調的議論の研究において，次のような結果が得られている。協調的議論を行うことで，小学生が移民についての理解を深めたり（MacArthur et al. 2002），大学生が進化概念の理解を深めたりする（Asterhan & Schwarz 2007）。また，個人で論述文を書くことが有効な教授方法だとする先行研究（Wiley & Voss 1999）があるにもかかわらず，協調的議論を行った高校生は，個人で論述文を書いた高校生よりも，熱と温度の概念について深く理解するようになる（Sampson & Clark 2009）。

　どうして学習内容の理解が深まるのだろうか。その理由には次の3つが考えられる。第一に，協調的議論では，学習内容に関して詳しく考えることが求められるからである。先ほどの電磁誘導の例で言うと，ある学習者が磁石とコイルを使った実験で「なぜ電流が発生するのか」を電磁誘導の概念を使って説明

したときに，その説明が他の学習者の説明と完全に同じではなく，何らかの違いが生じているとしよう。その違いを解決するために，説明を試みた学習者は，磁力と電流の関係や実験結果と概念との結びつきなどをもっと詳しく説明するためにはどうすればよいか，自分の説明が正しいということを相手に納得してもらうための証拠や理由はもっと他にないか，などを考えることが必要となる。第二に，協調的議論においては，他者から学ぶことができるからである。前述の電磁誘導の実験の例であれば，他の学習者の説明を聞く中で，学習者が自分一人で説明を考えているときには気づかなかった概念の側面や実験結果に気づくことが可能になる。

　第三に，協調的議論を通して，学習内容についての科学的に妥当な説明に対して確信がもてるようになるからである。先ほど述べたように，協調的議論においては，自分や他者の説明の正しさに関わる証拠や理由について詳しく考えるようになる。このことを通して，科学的に妥当な説明は何かを考えるとともに，その説明が確かに正しいということの確信がもてるようになる。確信がもてるようになると，科学的な説明を転移させるということも期待できる。科学的に妥当な説明とは，ほとんどすべての現象に対して当てはまったり，それがいつでも成り立ったりする，いわば原理や法則のことである。「コイルの中の磁界が変化すると，コイルに電流が流れる」などである。したがって，このような説明が正しいということの確信をもつことは，同時に，その説明がどのような場合でも成立するということの確信をもつことを意味している。このために，現在学習している状況とは異なる別の状況において学習した内容に関係する説明が必要になった場合でも，正しいと確信をもっている科学的に妥当な説明を応用すると期待できる。電磁誘導の例でいえば，休日に近隣の科学館に出かけた際に，リニアモーターカーやIHヒーターの原理の説明を求められる状況に遭遇したとき，学校の理科授業において学習した電磁誘導の概念を利用する，という具合である。

5.2.3　汎用的な議論能力の獲得が促進される

　学習効果の3点目は，汎用的な議論能力の獲得が促進されることである。これは，前項の「議論することを学習する」という学習目標に関係する。議論す

ることを学習するというのは，たとえば，議論というものが意見や証拠や理由という要素から構成されており，意見の正しさを説明するためには証拠や理由を組み合わせることが必要だということを理解し，実際の議論においてそうした証拠や理由を挙げながら自分の意見の正しさを説明できるようになる，といったことである。また，他者の意見に対して反論することや，他者からの批判や反論に対して論じ返す（反駁する）ことを含む議論において，その構成要素を理解したり実際にできるようになったりすることである。このように，議論することがどういうことなのかを理解し，実際に議論できるようになることにより，さまざまな状況において議論できるようになる能力が獲得される。このような能力が，汎用的な議論能力である。

　汎用的な議論能力には，よりよい議論とそうでない議論を評価するという能力も含まれる。学習者がこの能力を獲得すると，個人で論述文を書く際にも，文章の中でよりよい議論を展開できるようになる。また，個人の議論に加えて，協調的議論を行うための能力も含まれる。この能力を獲得すれば，反論や反駁といった議論の側面に焦点を当てた協調的議論を行うことで，新しい学習状況においても反論や反駁ができるようになる。

　協調的議論と汎用的な議論能力の獲得との関係性は，ヴィゴツキーの発達理論（ヴィゴツキー 2001）で説明される。ヴィゴツキーによれば，学習者が知的に思考することを学習する際に，最初は，他者とコミュニケーションする中で知的思考ができるようになり，その後，その知的思考が個人の中に内面化されて，自分一人で知的思考ができるようになる。このような理論に基づいて反論や反駁といった汎用的議論能力について考えてみると，そうした能力は，最初，他者と協調的議論を行う際に，他者の意見に対して反論したり，他者からの批判に対して反駁したりすることが求められる。このような経験をとおして，よりよく反論することや反駁することを徐々に学習し，やがては実際の他者の意見や他者の批判がない状況においても，どのように反論したり反駁したりすればよいかを自分一人で考えることが可能になる。したがって，自分一人で論述文を書いたり，新しい状況において協調的議論を行ったりする際に，反論や反駁といった汎用的議論能力を発揮できるようになる。

5.2.4　個別的な議論能力の獲得が促進される

　前項では，協調的議論が汎用的な議論能力の獲得を支援するということを解説した。汎用的な議論能力というのは，その言葉通りの意味からすると，あらゆる内容についての議論において発揮できる能力のことである。証拠や理由を利用したり反論や反駁を行ったりするための汎用的な能力を獲得できていれば，議論の内容が，家族の記念日の夕食に出かける場合にどのレストランがよいかを決めるというものであっても，電磁気学のような物理実験の結果に関する説明を考えるというものであっても，それらの能力を発揮できる。

　しかしながら，実際のところ，ある特定の内容に関する議論を行うためには，汎用的な議論能力に加えて，特定の内容に関する知識が必要になる。たとえば，読者は「アラゴの円板」という現象についてご存じだろうか。これは，アルミや銅といった非磁性体の円板に磁石を近づけて，その磁石を回転させるとその円板も回転するという現象である。電磁誘導の概念に関する知識が不足していると，実験結果について電磁気学的な説明とは異なる説明（円板が磁気を帯びるため，など）をしていても，その内容の正誤を判断したり，反論したりすることができない。

　また，中程度の汎用性をもった議論に関する知識（Chinn 2006）も必要である。中程度の汎用性をもった議論に関する知識とは，あらゆる内容の議論において利用できる議論に関する一般化可能な知識と，特定の内容に関する知識との中間に分類することができる知識である。このような知識としては，たとえば，「標本の大きさ」という知識を挙げることができる（Chinn 2006）。この知識が議論においてどのように利用されるのかについて，具体的な例を挙げて説明してみよう。ペラグラという皮膚・消化器などに関する病気をテーマとした生物学の議論において，標本の大きさという知識を利用して反論する，という例である。

　栄養のある食事が提供された子どもの多くはペラグラが治ったけれども，そうした食事が提供されなかった子どもの多くはペラグラが治らなかった，という研究結果に基づいて，ペラグラの原因は栄養不足であるという主張が行われたとする。一見すると，この主張はまぎれもなく正しいように思える。しかしながら，当該の研究が対象とした子どもの人数，すなわち，標本の大きさが十

分でなければ，この主張の妥当性は疑わしいものとなる。たった2名の子どもだけが研究の対象であったとすれば，この研究結果は，栄養不足が原因というよりも，単なる偶然であったという可能性も大いにあるわけである。

このように，ペラグラの原因に関する主張が行われた際に，調査対象の人数が示されない形で研究結果が提示されていたとすれば，研究結果と主張の結びつきに対して標本の大きさという観点から反論するという知識を利用して，当該の主張の妥当性が疑わしいと反論することができる。このような知識は，例として挙げた反論に限らず，論拠の裏づけといった議論の構成要素を考える際にも利用できる知識である。ただし，議論に関する一般的な知識のように，あらゆる内容の議論において利用できるわけではない。とはいえ，特定の内容だけにしか利用できないかといえば，そうではなく，生物学や社会科学などの複数のジャンルの議論において幅広く利用できる知識であり，それが中程度に汎用性があると呼ばれている所以である。

このような特定の内容の知識や中程度の汎用性を持った議論に関する知識を利用して議論を行うことができる能力は，汎用的な議論能力と対比すると，個別的な議論能力と呼ぶことができる。これまでの研究において，協調的議論をとおして個別的な議論能力の獲得が促進されることが見出されている（たとえば，Sandoval & Millwood (2005)）。

5.2.5 よりよい知識構築が行われる

一点目から四点目の学習効果は，一人ひとりの個人的な知識や能力に関するものであった。これに対して，五点目の効果は，複数の学習者が協力して知識を構築する集団的・社会的な活動に関するものである。協調学習の研究者の中には，協調的議論をとおして，学習者が協力して構築する知識の質や量が向上したり，そうした知識構築にどのように参加すればよいかを学習したりする，という効果に着目する研究者もいる（たとえば，Scardamalia & Bereiter (2006)）。

5.3 協調的議論支援の原則と協調的議論支援のための テクノロジのデザイン指針

　学習者は，適切な支援のもとに協調的議論を実際に経験する中で，協調的議論ができるようになっていく．それと同時に，前節で解説した学習効果が引き起こされる．

　協調的議論の支援を試みる研究者は，その支援対象である協調的議論の特徴として，次の二点に注目している．一点目は，深くて複雑な議論であることである．深くて複雑な議論というのは，証拠や理由を挙げながら意見を述べるという単純な議論ではなく，他者からの批判や反論に対して論じ返す，すなわち反駁を含むこと，ある意見の正しさを説明するための理由が適切であるかどうかを吟味すること，そしてその上で議論を見直して協調的に再構成すること，などを含む議論のことである．

　二点目の特徴は，異なる意見を統合しようとする議論である．協調的議論には，いつでも意見の不一致があるとは限らないが，意見の不一致が生じ，なおかつ，その不一致を解消しようとする際の議論が生じたり，それぞれの参加者の視点を最終的な結論へと統合するような議論が生じたりすると，その議論からの学習効果が高くなる．

　協調的議論をとおして前節に解説した学習効果を得るためには，このような特徴をもつ協調的議論が達成されるための支援が必要である．また，テクノロジ利用の立場からこうした支援を実現するためには，テクノロジを利用した協調的議論の研究成果（Noroozi et al. 2012）を踏まえて，その支援を可能にするデザインをもったテクノロジが求められる．

　以下では，協調的議論の支援のための原則（Chinn & Clark 2013）と，その支援を可能にするテクノロジのデザイン指針を整理する．

5.3.1 議論の構成要素

　第一の支援の原則は，「議論の構成要素の理解を支援する」である．反論や反駁といった構成要素を例にすると，協調的議論の構成要素として反論や反駁

があることを理解した上で，実際の議論において反論したり反駁したりできるようにする，ということである。こうした支援によって，反論や反駁を含む協調的議論が達成されるようになる。

そのためのテクノロジのデザイン指針は，「議論の構成要素を図式的に可視化する」である（Andriessen & Baker 2013）。たとえば，証拠や理由を挙げながら意見の正しさを説明するような協調的議論において，証拠や理由や意見といった議論の構成要素を図式的に可視化することで，その可視化された構成要素を外的な道具として使いながら，どのような反論が予想されるのかを考えたり，予想される反論に対していかに反駁することができるのかを考えたりすることができる。また，協調的に問題を解決しながら新しい問題を考えていくという協調的議論においては，問題や解決案などの構成要素を図式的に可視化することで，現在の問題を解決するために必要な証拠を特定したり，複数の意見をどのように統合すればよいのかを吟味したりすることが可能になる。

5.3.2 議論の進め方やプロセス

第二の原則は，「議論の進め方やプロセスを支援する」である。これは，他者と協調的議論を行う際に，議論に関する知識や能力が不十分であっても，議論の進め方やプロセスそのものを支援し，協調的議論が達成できるようにする，ということである。

この支援のためのテクノロジのデザイン指針は，次の2点にまとめられる。一点目が「議論のスクリプトを提供する」である（Fischer et al. 2013a；Kollar et al. 2006）。ここで言うスクリプトとは，ある状況において目的を達成するために，学習者が何をどのように行えばよいかという一連の手続きを，なるべく応用できるような形で一般的に記述したものである。協調的議論のスクリプトとは，協調的議論を行うための一連の手続きである。このスクリプトには，大枠の手続きだけを示すマクロスクリプトと，内容に至るまでの細かな手続きを示すマイクロスクリプトがある（Fisher et al. 2013b）が，いずれにしても，学習者にこのようなスクリプトを提供し，テクノロジを利用する際になかば強制的にこのようなスクリプトに従うようにすることで，そこでの議論が協調的議論になるようにする支援である。

二点目の指針は,「自分と他者の意見の違いを可視化する」である。複数の学習者がグループに分かれて議論する際,学習者がもっている意見をラベルで分けさせたり,テクノロジに判別させたりすることで,異なる意見をもった学習者のグループを構成することが可能である。そうすると,意見の不一致を解消したり,全体を収斂させたりするための協調的議論になるように方向づけられる。また,特にオンラインの議論では,学習者が意見を外化したり編集したりするのが容易であるが,議論が進むと内容が発散しやすいとされる(木村・都築 1998)。議論の中でさまざまな立場の意見があることが可視化されることによって,取り上げるべき意見に気づいたり,全体をまとめていく議論になるように促したりすることができる。

5.3.3 議論の内容に関する知識

最後の第三の原則は,「議論の内容に関する知識の利用を支援する」である。第一および第二の原則は,さまざまな内容に関する協調的議論において幅広く利用できるものである。学習者が協調的議論について,その議論を構成するための各要素を理解したり議論の進め方を獲得したりできれば,さまざまな内容についてそのような議論を展開できるようになる。ただし,5.2節において述べたように,実際のところ,ある特定の内容に関する議論を行うためには,その内容に関する知識が必要になる。このような場合,協調的議論を行うためには,議論の内容に関する知識の利用の支援が必要となる。どのような知識かというと,本節において述べた特定の内容に関する知識であったり,中程度の汎用性をもった議論に関する知識であったりする。このような知識を議論において利用することができれば,そのような知識が不十分であっても協調的議論を達成することができる。以上のような理由から,「議論の内容に関する知識の利用を支援する」が協調的議論支援の原則になるわけである。

テクノロジのデザイン指針は,「議論の内容に関する知識を埋め込む」である。テクノロジの中に特定の内容に関する知識や中程度の汎用性をもった議論に関する知識を蓄積しておき,議論を行う学習者がそれらの知識を利用せざるを得ないようにしておくことで,そこでの議論は,議論の内容に関する各種の知識が補完された協調的議論となる。

5.4 テクノロジを利用した協調的議論支援の事例

前節で整理したテクノロジのデザイン指針に基づくと，どのような開発物を具体的に作り出すことができるのだろうか．本節では，個々のデザイン指針ごとに，協調的議論支援を目的として開発されたソフトウェアの事例を紹介する．

5.4.1 議論の構成要素を図式的に可視化するソフトウェア
① Digalo

議論の構成要素の理解を支援するための「議論の構成要素を図式的に可視化する」というデザイン指針を具現化したソフトウェアの事例として，Digaloが挙げられる（Schwarz & Glassner 2007）．このソフトウェアは，複数のユーザの端末に同じ画面が表示されており，複数のユーザが意見や証拠などを順番に書き込んだり，ときには同時に書き込んだりすることをとおして，オンラインで協調的議論を行うことができる，というものである．

図5-1は，Digalo の画面である．図5-1の左下には，議論に参加するユーザがリスト表示されている．個々のユーザごとにアイコンと色が割り当てられている．図5-1の中央は，複数の学習者の書き込みがカード状の四角形になっており，それらが2次元上に配置される領域である．個々の書き込みは完全な長方形であったり，一部が欠けた長方形であったりと，少しずつ違う形状になっているが，この形状の違いが議論の構成要素の違いに対応している．たとえば，完全な長方形が意見，平行四辺形が証拠，少し膨らんだ長方形が反論，などである．矢印も2種類あり，実線の矢印が賛成を，点線の矢印が反対を意味するものとなっている．書き込みは，次の手順で行われる．まず，図5-1の中央上側のアイコンから，自分の書き込みが主張なのか証拠なのか反論なのかなどを決めて，それらに対応した形状の四角形を選択する（この形状は後で変更できる）．続いて，自分の書き込みがどの相手のどの書き込みに対するものなのか，それは相手の書き込みに賛成するのか反対するのかを決めた上で，矢印を選択する．その後，書き込みを進めていく．最後に，書き込みの四角形をドラッグ＆ドロップすることで，配置する箇所を決める．このようにし

第5章 議論の支援

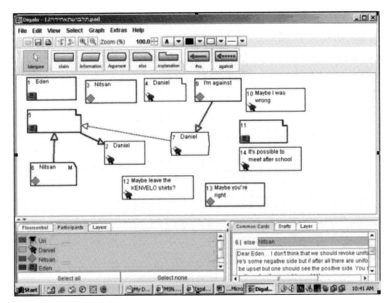

図5-1 Digalo
出典：Schwarz & Glassner（2007：458）．

て書き込まれた内容を読む際には，四角形の上側にカーソルを合わせたり，四角形をダブルクリックしたりすると，図5-1の右下の領域において書き込まれた内容が表示される．

② Knowledge Forum®

議論の構成要素の図式的な可視化は，Knowledge Forum®でも用いられている．図5-2に示すKnowledge Forum®では，Thinking Typeと呼ばれる見出しをつけて，Problem（問題），My Theory（自分なりの理論），New Information（新たな情報），I Need to Understand（これから解決しなければならないこと）などのように，議論の中で各発言がどのような要素なのかを学習者に明示させるようにしている（大島 2004）．これらの Thinking Type は，これまで述べてきた議論の構成要素とは異なるが，知識構築を進めていく上で議論を構造的に可視化するための工夫である．一つひとつの発言は付箋のような「ノート」の中に書き込まれ，さまざまな議論が展開されていることが2次元

123

第2部　協調学習の支援

図 5-2　Knowledge Forum®
出典：大島・益川（2016）．

のマップ上をとおしてわかるようにもなっている。

また，他者の発言と関連づけるビルド・オンという機能を用いて，他者の意見を参照したり引用したりすることもでき（Scardamalia & Bereiter 1996），意見の積み重ねとしての知識構築型の議論を支援する仕組みになっている。

5.4.2　議論のスクリプトを提供するソフトウェア
① CASSIS

議論の進め方やプロセスを支援するための「議論のスクリプトを提供する」というデザイン指針の事例の一つは，CASSIS（Computer-Supported Argumentation Supported by Scripts-Experimental Implementation System）と総称される一連のソフトウェアである（Clark et al. 2010；Kollar et al. 2007；Stegmann et al. 2007）。前述の Digalo や Knowledge Forum® と同様に，これらのソフトウェアも複数の学習者がオンラインで行う協調的議論を支援するものである。CASSIS においては，協調的議論のためのスクリプトが提供される。

図5-3は，科学の内容に関する協調的議論を支援することを目的としてスクリプトを提供する CASSIS の画面である。図5-3の上側が，スクリプトを

第5章　議論の支援

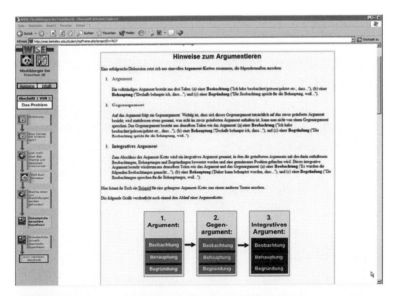

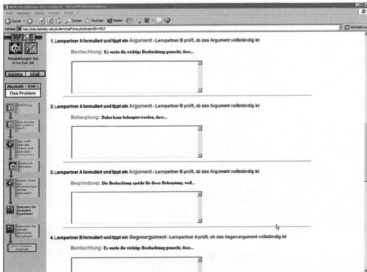

図5-3　CASSIS

出典：Kollar et al.（2007：714）.

提供する領域である。ここで提供されるスクリプトは，「意見－反論－応答」という順番で議論を進めるというように，議論の進め方をガイドするものである。また，意見や反論や応答において述べなければならないことをそれぞれ方向づけるものである。意見は，証拠や理由を伴って述べられる必要がある。反論においては，意見あるいは証拠や理由に対して疑義を述べなければならない。応答においては，反論が全面的に間違っている，反論が一部は当たっている，もとの意見と反論の接点を見つける，もとの意見を取り下げる，といったことを述べる必要がある。一方，図5-3の下側は，提供されたスクリプトに従って意見などの書き込みを行う領域である。上から数えて1番目から3番目までのボックスには，学習者Aが意見について書き込む。1番目には証拠を，2番目には意見を，3番目には理由をそれぞれ入力する。4番目以降のボックスには，学習者Bが反論についての各要素を書き込む。また各ボックスには，スクリプトに従って書き込むことを支援するために，文章の書き出しが準備されている。

② rTable

「議論のスクリプトを提供する」というデザイン指針の事例をもう1つ紹介する。rTableというソフトウェアは，参加者が担当する役割の効果に着目して，スクリプトに従ってチャットの議論を進められるように設計されている（西森ほか 2001）。

図5-4は rTable の画面である。話し合いの最初には，議事の進行者である「司会」，話題を設定する「提案」，最初にコメントを述べる「質問」，議論のやりとりを二次元上に図示して記録する「要約」という4つの役割が参加者に割り振られる。それぞれの役割で使用できる機能は決まっている。「司会」と「提案」の2人がまず話題を焦点化し，その後「質問」によって話題をさらに吟味して深めていく。「要約」はチャット上のやりとりを整理して，話題の混乱や錯綜を防止するという効果が狙われている。「司会」が終了を宣言すると，議論のセッションが終了し，次のセッションでは別の役割がそれぞれ与えられる。役割をセッションごとに交代しながら進めることで，メンバー間に互恵的な関係を作ることが目指された。結果として，参加者の全体的な発言数は

第 5 章　議論の支援

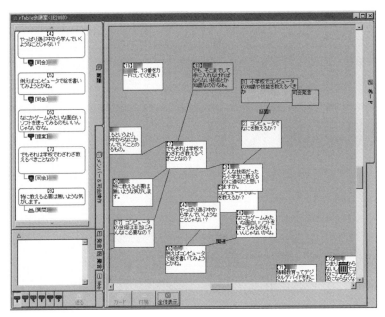

図 5-4　rTable

出典：西森ほか（2001：106）．

減少するものの，「なんだっけ？」といった議論を確認・調整する発言が少なくなること，各自の発言の内容が，意見を述べるものと相手の意見を聞こうとするもので偏りが少なくなるといった効果がみられている[(2)]。

5.4.3　自分と他者の意見の違いを可視化するソフトウェア

① WISE Seeded Discussions

議論の進め方やプロセスを支援するためのもう一つのデザイン指針として「自分と他者の意見の違いを可視化する」を挙げた。このデザイン指針に関しては，WISE Seeded Discussions という事例がある（Clark et al. 2009）。このソフトウェアも，前述のソフトウェアと同様に，複数の学習者がオンラインで行う協調的議論を支援するものである。

図 5-5 および図 5-6 は，WISE Seeded Discussions の画面である。まず最初に，図 5-5 の画面上において，学習者一人ひとりが自分の意見を入力する。

第2部　協調学習の支援

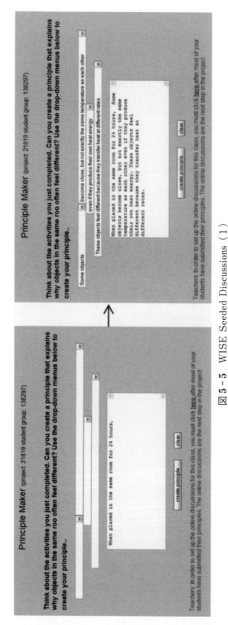

図 5-5　WISE Seeded Discussions（1）

出典：Clark, D'Angelo, & Menekse（2009：322）.

第5章 議論の支援

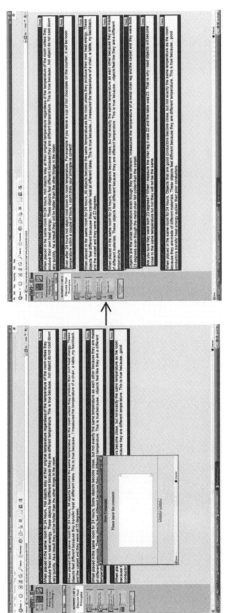

図 5-6 WISE Seeded Discussions（2）

出典：Clark, D'Angelo, & Menekse（2009：323）.

その際，それぞれの意見の違いを際立たせるために，すべての文章を自由に書き込むのではなく，学習内容の理解にとって重要な語や節については，複数の選択肢から1つを選ぶようになっている。これらの選択肢を選び終えると，書き込むための文章が完成するのである。続いて，オンラインで複数の学習者と議論を行う準備として，意見入力の際に選んだ選択肢に基づいて，議論を行うグループが自動的に割り当てられる。この際，リフトウェアの仕組みにより，議論のためのグループは，異なる意見の学習者から構成されるようになっている。図5-5の左側がこのようにして構成されたグループの一人ひとりの意見である。その後，実際に議論を行う。図5-5の右側は，議論が始まったところの画面である。同じグループの人の意見に対して反論したり，自分の意見が正しいことを改めて説明したり，自分の意見を変更した場合にはその変更した意見を書き込んだりできるようになっている。

② デジタル運勢ラインシステム

「自分と他者の意見の違いを可視化する」というデザイン指針については，対面状況における協調的議論を支援するためのソフトウェア「デジタル運勢ラインシステム」も事例に挙げられる（稲垣ほか 2011；山口ほか 2012；山口ほか 2014）。このソフトウェアは，理科教育において広く利用されている運勢ライン法をデジタル化し，概念変化としての理科学習を支援する目的で開発されている。

図5-7がデジタル運勢ラインシステムの画面である。デジタル運勢ラインにおいては，複数の異なる意見が線種の異なるライン（実線のライン，点線のライン）として表現されている。学習者は，意見そのものをソフトウェア上に書き込むのではなく，その意見が正しいと思うか，間違いだと思うかの度合い（コミットメント）を書き込む。図5-7（a）の表現機能画面では，議論に参加する学習者はそれぞれの意見について，意見が正しいと思うか，間違いだと思うかの度合いをラインの高低で表現する。図5-7（b）の共有機能画面においては，同じグループのメンバーが入力したラインを重ね合わせて表示して，それぞれのラインの高低の度合いの違いを比較することができる。その際，一人ひとりのラインは，異なる色で表現される。また，学校の授業のように比較

第5章 議論の支援

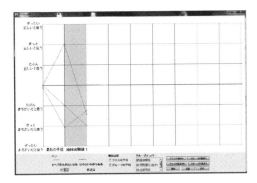
（a）表現機能画面

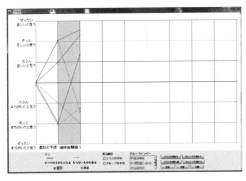
（b）共有機能画面

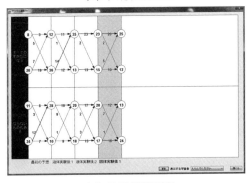
（c）集計機能画面

図5-7 デジタル運勢ラインシステム
出典：山口ほか（2014：83）.

的大人数で議論を行う際には，図5-7（c）の集計機能画面を利用して，ラインの上昇・下降・変化なしというように，ラインの高低の変化を大人数で比較することが可能になる。

　デジタル運勢ラインシステムは，次のように協調的議論を支援する。共有機能画面を利用することで，グループのメンバー同士のライン間にある微細な違いが可視化・共有化される。それを踏まえて，学習者は，意見が正しいと思うか間違いだと思うかという考えの背後にある認識を自覚することになり，お互いの考えの吟味・検討を行うことができる。たとえば，あるデータが信頼できるものであっても，1つのデータだけでは，従来の考えを支持する根拠となっていたデータを上回るには不十分である，という「データの不足」という認識をもつ学習者が相互吟味をもちかけるという活動が期待される。また，集計機能を利用することで，ラインの変化のパターンが多くの学習者と異なる少数の学習者の存在がクローズアップされる。議論の途中で，その学習者がラインを変化させた理由を発言すると，他の多くの学習者も自分自身の考えを改めて吟味・検討することが可能となる。

③ i-Bee

　「自分と他者の意見の違いを可視化する」デザイン指針のソフトウェアとしては，テキストマイニングによって電子掲示板の議論内容を可視化する i-Bee (Bulletin board Enrollee Envisioner)（望月ほか 2005）も挙げられる。このソフトウェアは，各学習者が電子掲示板上の発言でどのようなキーワードを何度使っていたのかをクロス集計し，コレスポンデンス分析を行うことで，学習者自身や他者がどのようなキーワードを使いながら話題を構成しているのか，相互関係をまとめた2次元上のマップを提示するものである。

　図5-8は，i-Bee の表示画面である。学習者が電子掲示板にアクセスすると，i-Bee は別ウィンドウとしてポップアップし，その時点でのクロス集計表を構成してコレスポンデンス分析を行い，マップとして表現する。i-Bee では学習者をハチ，キーワードを花として表現し，複数のキーワードを使った話題に集まる学習者集団を表現している。つまり，一人ひとりの学習者がどのようなキーワードを使いながら発言しているかの関係性が示されるため，自分とメ

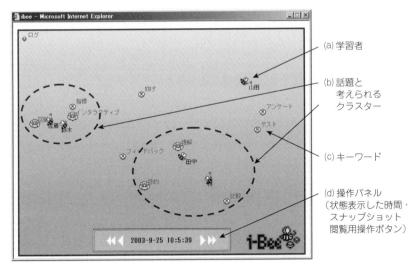

図 5-8 i-Bee

出典：望月ほか（2005：24）．

ンバーが同じような話題について発言しているのか，異なる話題について発言しているのかを確認することができる。たとえば，図5-7の例は，学部4年生が教育用ソフトウェアの評価実験計画について電子掲示板上で議論しているものの1シーンである（名前は仮名に置き換えられている）。田中と林は，「目的」「理解」「フィードバック」「比較」のキーワードを中心に話しており，実験の目的や（研究としての）比較，測定する理解度やそのフィードバックについて議論していることがわかる。一方，佐藤と鈴木は「指標」「インタラクティブ」「回数」というキーワードを中心に話しており，具体的な測定変数をどうするかということを中心に話していることがわかる。いずれも議論に全く参加していないとややわかりづらいが，その議論に参加していると，それぞれの参加者の意見や関心の違いを理解することができるような情報提示である。

i-Bee では，最近よく発言している学習者／発言されているキーワードは元気よく，そうでなければ元気がない状態で表示されるようにもなっており，それぞれの意見の動向がどう変化していくかも見ることができる。また，操作パネルを使用することで，最新の状態を可視化したり，以前の状態をさかのぼって議論の経緯を確認したりすることができる。授業で使用した結果，i-Bee を

使用して議論することで，他者の発言の傾向に気づいたり，議論の中での自分の位置付けを意識したりすることができたとされる。

5.4.4 議論の内容に関する知識が埋め込まれたソフトウェア
Explanation Constructor

議論の内容に関する知識の利用を支援するための「議論の内容に関する知識を埋め込む」というデザイン指針に関しては，Explanation Constructor が事例として挙げられる（Reiser et al. 2001；Sandoval & Reiser 2004）。このソフトウェアは，進化や種の保全といった自然現象に関する科学的な説明文を書くことを支援するものである。一見すると，このソフトウェアは協調学習というよりも個人学習を支援するもののようにも見えるが，このソフトウェアを利用した協調学習の実践事例においては，中学生の学習者が複数のグループになり対面の話し合いを行いながら協調的に説明文を書いている。このため，本章では，対面状況における協調的議論を支援するソフトウェアの事例として紹介している。

図5-9は，Explanation Constructor の画面である。この画面は，ダーウィンの進化論に関する学習の一環として，ガラパゴス諸島のフィンチの個体数変化の原因について説明文を書いている途中のものである。図5-9の左下が，説明文を書き込む領域である。このソフトウェアには，各種の知識が埋め込まれている。画面の左上は，科学的探究の問い（たとえば，「大量のフィンチが死んだのはどうしてか」）の中に各種の説明が関連づけられるようになっている。ここでは，科学的探究において説明とは問いに対する答えである，科学的な説明とは因果関係の説明を行うものである，といった知識が埋め込まれている。そのため，学習者の説明は科学的探究の内容に結びつけられると同時に，因果的な説明になるように方向づけられている。また，画面の右上は，説明のためのガイドがリスト表示されている。これらのガイドは，自然淘汰に関する知識が埋め込まれている。ガイドは説明文の書き出しになっており，「個体数が激減した鳥の特徴は……」といった自然淘汰の概念を理解するために必要となる複数の内容を説明文において言及しなければならないようになっている。さらに，画面右下は，大量死したフィンチとしなかったフィンチや嘴の長さや

第5章 議論の支援

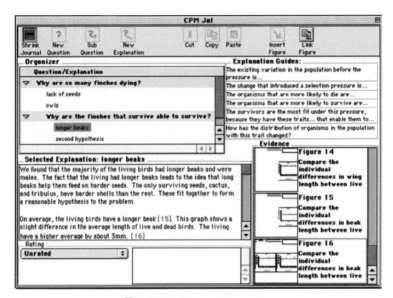

図5-9 Explanation Constructor
出典：Sandoval & Reiser（2004：350）.

羽の長さといった各種データのグラフである。ここでは，科学的な探究においては証拠を使って反論を述べるということや，嘴の長さといったダーウィンの自然淘汰を理解するために必要となる知識が埋め込まれている。学習者は説明文を書く際には，各種のグラフの中から特定のグラフを選択して，自分たちの意見の根拠として引用しなければならない。

5.5 協調学習における議論支援の展望

本章では，協調学習における議論支援について解説してきた。協調学習に関する研究や実践において，議論への注目は今後さらに高まると予想される。とりわけ，学校教育においては，その傾向が顕著になると思われる。なぜなら，本章で解説してきた学習効果，すなわち，動機付けを高めること，深い内容理解をもたらすこと，議論能力を獲得することは，21世紀型スキルをはじめとする新しい教育・学習と親密性が高く，これからの社会においてますます求めら

れるからである。

　また本章では，テクノロジの利用に焦点を当てて，テクノロジのデザイン原則を整理するとともに，その原則ごとにソフトウェアの開発事例を紹介してきた。協調的議論のテクノロジ支援は，国際的には，2000年代中盤より数多く行われてきている（Clark et al. 2010；Noroozi et al. 2012）。本章で紹介した事例はその一部である。これからの社会の教育や学習におけるテクノロジ活用は今後さらに進められるとすれば，協調的議論のためのテクノロジ支援の必要性も本格化するだろう。特に日本ではオンラインよりも対面の協調的議論を重視する文化的風土がある。対面状況での議論支援を中心に，国内においても当該テーマの研究を推進することが期待される。

注
(1) 知識構築については，本シリーズ教育工学選書Ⅱ『学びのデザイン：学習科学』で詳しく紹介されているので，そちらも併せてご参照いただきたい。
(2) 第3章に Table の評価に関する記述がある。

参考文献

Andriessen, J., & Baker, M. (2013) "Argument diagrams and learning: Cognitive and educational perspectives," G. Schraw, M. McCrudden, & D. Robinson (Eds.) *Learning through visual displays*, Charlotte, NC: Information Age Publishing, 329-356.

Andriessen, J., & Baker, M. (2014) "Arguing to Learn," K. Sawyer (Ed.) *The Cambridge Handbook of the Learning Sciences*, 2nd ed., Cambridge: Cambridge University press.

Asterhan, C. S. C., & Schwarz, B. B. (2007) "The effects of monological and dialogical argumentation on concept learning in evolutionary theory," *Journal of Educational Psychology*, 99: 626-639.

Chinn, C. A. (2006) "Learning to argue," A. M. O'Donnell, C. E. Hmelo-Silver, & G. Erkens (Eds.) *Collaborative learning, reasoning, and technology*, Mahwah, NJ: Erlbaum, 355-383.

Chinn, C. A., & Clark, D. B. (2013) "Learning through collaborative argumentation," C. E. Hmelo-Silver, C. A. Chinn, C. K. K. Chan, & A. M. O'Donnell (Eds.) *International Handbook of Collaborative Learning*, New York: Routledge, 314-332.

Chinn, C. A., Anderson, R. C., & Waggoner, M. A. (2001) "Patterns of discourse in two kinds of literature discussion," *Reading Research Quarterly*, 36: 378-411.

Clark, D. B., D'Angelo, C. M., & Menekse, M. (2009) "Initial structuring of online discussions to improve learning and argumentation: Incorporating students' own explana-

tions as seed comments versus an augmented-preset approach to seeding discussions," *Journal of Science Education and Technology*, 18: 321-333.
Clark, D. B., Sampson, V. D., Stegmann, K., Marttunen, M., Kollar, I., Janssen, J., Weinberger, A., Menekse, M., Erkens, G., & Laurinen, L. (2010) "Online learning environments, scientific argumentation, and 21st century skills," B. Ertl (Ed.) *E-Collaborative Knowledge Construction : Learning from Computer-Supported and Virtual Environments*, New York: IGI Global, 1-39.
Fischer, F., Kollar, I., Stegmann, K., & Wecker, C. (2013a) "Toward a script theory of guidance in computer-supported collaborative learning," *Educational psychologist*, 48: 56-66.
Fischer, F., Kollar, I., Stegmann, K., Wecker, C., Zottoman, J., & Weinberger, A. (2013b) "Collaboration scripts in computer-supported collaborative learning," C. E. Hmelo-Silver, C. A. Chinn, C. K. K. Chan, & A. M. O'Donnell (Eds.) *International Handbook of Collaborative Learning*, New York: Routledge, 403-419.
稲垣成哲・舟生日出男・山口悦司・三澤尚久・出口明子（2011）「デジタル運勢ラインシステムの開発と評価」『理科教育学研究』51(3)：33-46.
木村泰之・都築誉史（1998）「集団意思決定とコミュニケーション・モード——コンピュータ・コミュニケーション条件と対面コミュニケーション条件の際に関する実験社会心理学的検討」『実験社会心理学研究』38(2)：183-192.
Kollar, I., Fischer, F., & Hesse, F. W. (2006) "Collaboration scripts : A conceptual analysis," *Educational Psychology Review*, 18: 159-185.
Kollar, I., Fischer, F., & Slotta, J. D. (2007) "Internal and external scripts in computer-supported collaborative inquiry learning," *Learning and Instruction*, 17: 708-721.
MacArthur, C. A., Ferretti, R. P., & Okolo, C. M. (2002) "On defending controversial viewpoints : Debates of sixth graders about the desirability of early 20th-century American immigration," *Learning Disabilities Research & Practice*, 17: 160-172.
望月俊男・久松慎一・八重樫文・永田智子・藤谷哲・中原淳・西森年寿・鈴木真理子・加藤浩（2005）「電子会議室における議論内容とプロセスを可視化するソフトウェアの開発と評価」『日本教育工学会論文誌』29(1)，23-33.
西森年寿・中原淳・杉本圭優・浦嶋憲明・荒地美和・永岡慶三（2001）「遠隔教育における役割を導入した討論を支援する CSCL の開発と評価」『日本教育工学雑誌』25(2)：103-114.
Noroozi, O., Weinberger, A., Biemans, H. J. A., Mulder, M., & Chizari, M. (2012) "Argumentation-based computer supported collaborative learning (ABCSCL) : A systematic review and synthesis of fifteen years of research," *Educational Research Review*, 7: 79-106.
大島純（2004）「学習環境を総合的にデザインする」波多野誼余夫・大浦容子・大島純（編著）『学習科学』放送大学教育振興会.
大島純・益川弘如（編著）（2016）『学習科学：学びのデザイン』ミネルヴァ書房.

Reiser, B. J., Tabak, I., Sandoval, W. A., Smith, B. K., Steinmuller, F., & Leone, A. J. (2001) "BGuILE : Strategic and conceptual scaffolds for scientific inquiry in biology classrooms," S. M. Carver, & D. Klahr (Eds.) *Cognition and instruction : Twenty-five years of progress*, Mahwah, NJ : Erlbaum, 263-305.
Rogat, T. K., Linnenbrink-Garcia, L., & DiDonato, N. (2013) "Motivation in collaborative groups," C. E. Hmelo-Silver, C. A. Chinn, C. K. K. Chan, & A. M. O'Donnell (Eds.) *International Handbook of Collaborative Learning*, New York : Routledge, 250-267.
Sampson, V., & Clark, D. (2009) "The impact of collaboration on the outcomes of scientific argumentation," *Science Education*, 93 : 448-484.
Sandoval, W. A., & Millwood, K. (2005) "The quality of students' use of evidence in written scientific explanations," *Cognition and Instruction*, 23: 23-55.
Sandoval, W. A., & Reiser, B. J. (2004) "Explanation-driven inquiry : Integrating conceptual and epistemic scaffolds for scientific inquiry," *Science Education*, 88 : 345-372.
Scardamalia, M., & Bereiter, C. (1996) "Student communities for the advancement of knowledge," *Communications of the ACM*, 39(4) : 36-37
Scardamalia, M., & Bereiter, C. (2006) "Knowledge building : Theory, pedagogy, and technology," K. Sawyer (Ed.) *The Cambridge handbook of the learning sciences*, New York : Cambridge University Press, 97-115.
Schwarz, B. B., & Glassner, A. (2007) "The role of floor control and of ontology in argumentative activities with discussion-based tools," *International Journal of Computer-Supported Collaborative Learning*, 2 : 449-478.
Stegmann, K., Weinberger, A., & Fischer, F. (2007) "Facilitating argumentative knowledge construction with computer-supported collaboration scripts,. *International Journal of Computer-Supported Collaborative Learning*, 2 : 421-447.
L. S. ヴィゴツキー（著），柴田義松（訳）(2001)『新訳版・思考と言語』新読書社．
Wiley, J., & Voss, J. F. (1999) "Constructing arguments from multiple sources : Tasks that promote understanding and not just memory for text," *Journal of Educational Psychology*, 91 : 301-311.
山口悦司・舟生日出男・稲垣成哲・出口明子（2012）「iPhone/iPod touch 版デジタル運勢ラインシステムの開発と評価」日本理科教育学会『理科教育学研究』53(2)：317-328.
山口悦司・舟生日出男・出口明子・稲垣成哲（2014）「デジタル運勢ラインシステムの実践的評価」日本理科教育学会『理科教育学研究』55(1)：81-93.

第6章

学習のためのコミュニティのデザイン

西森年寿・八重樫文

6.1 コミュニティと学習

　本章では教育工学分野の周辺におけるコミュニティ構築支援に関する研究動向を紹介する。

　ある個人間の協調的な活動が継続することで，個人の結びつきは深まり，規範が生まれ，活動のための場が拓かれ，共有の記憶や生産物や財産が積み重なり，歴史がつむがれる。現実世界において生まれるそれらの人の結びつきや，分かちもたれた知識や道具や環境の総体を，ここでは「コミュニティ」と呼ぶことにする。

　教育工学の分野で，コミュニティが教育実践のデザインに関わることが強く意識されたきっかけの一つは，レイヴとウェンガー（Lave & Wenger 1991）の正統的周辺参加論である。教育の設計者が，学習は状況に埋め込まれているという事実に注目するならば，学習者をつなぐコミュニティをどう構築し，活性化し，発展させていくのか，あるいはその中で個々の学習をどう保障していくのかという課題に向き合うことになる。本章ではまず，学習にコミュニティがどうして関係することになるのか，状況論的学習をめぐる議論から生み出された実践共同体における正統的周辺参加論を中心に確認する。6.2節ではコミュニティの発達を捉えようとする諸理論について概観する。つづいて，コミュニティの視点から教育を設計するアプローチについて概観していく。6.3節は，学校を中心に学習のためのコミュニティを構築し，革新的な教育実践を生み出した欧米の研究事例や，日本の教育における関連の取組みを紹介する。6.4節では，日本教育工学雑誌および日本教育工学会論文誌で発表された，学習のためのコミュニティに関係する研究事例をいくつか紹介する。

なお，コミュニティの形成においては人間同士の相互作用が必須であり，その相互作用を支援するための，本書の各所でも論じられているような共同・協働・協同・協調学習の種々の技法やテクノロジ（たとえば，杉江（2011）やバークレイほか（Barkley et al. 2014））なども，実際にはコミュニティ構築に寄与するだろう。しかし本章では，コミュニティ全体を対象とする内容に限定して論ずる。

6.1.1　コミュニティと学習の関わり

私たちがコミュニティという言葉を聞き，思い浮かべるのは，同じ地域に住み，互いに支え合う人々からなる集団ではないだろうか。文献をひもとけば，コミュニティという用語は，社会学などを中心にさまざまな意味で利用されてきたことがわかる。近現代の分業，都市化や情報化の進展の中で，コミュニティのような人間の関係性はどう維持・変質しているのか，あるいは現代の地理的な近接性には制約されない，たとえばネット上のコミュニティはどのような可能性をもつのかなどがそこでは問われている。つながりをもつ人々の集合は，コミュニティと名づけられる以外にも，規模や性質や学問上の文脈の違いによって「社会」「組織」「集団」「チーム」などの異なる概念で取り扱われてきたが，いずれにせよ，その集まりにおいて，新入者が一員として価値・態度・技能を学習していくプロセスは，社会化・組織社会化等と呼ばれ重要な研究テーマとなってきた。

社会心理学においては集団力学（グループダイナミクス）の名のもとで，集団内の相互作用や意思決定のあり方などが探索されているが，上述のような学習に関する理論の例として，レヴァインとモアランド（Levine & Moreland 1994）の集団社会化モデルが挙げられる。このモデルでは，人がある集団への参入を決めて，集団の一員として活動を継続し，やがてそこから離脱するまでのプロセスについて，探索期，社会化期，維持期，再社会化期，回想期という段階が措定されている。各段階をとおして，集団と個人は相互作用する。個人側ではその集団への参加・退会という判断や集団で求められる技能の獲得があり，集団側からは募集や新人の集団社会化，役割の割り当てといった働きかけがある。このモデルも教えてくれるように，とくに一定の規範や活動のやり方，

共通の経験などが確立・蓄積されているコミュニティに新たに参加する際には，そこでうまくやっていくための規範や知識・技能を学んでいく「学習」は欠くことのできないプロセスである。

　一方，社会心理学以外の心理学の分野でも，情報処理アプローチにより個人内の認知過程モデルの精緻化が進む一方で，たとえばブロンフェンブレンナー（Bronfenbrenner 1979）の人間発達の生態学的システム理論などのように，子どもたちを取り巻く教室，仲間，家族，地域（いずれも本節でのコミュニティ）といった重層的な社会的文脈への注目を促すような議論がさかんになされている。臨床心理学においても，個人の問題行動を，本人の特性よりは，その人を取り巻く社会環境に焦点を当てて介入することで，予防・解決していこうとするコミュニティ心理学が生まれている（高畠 2011）。人間の心や精神の形成に影響を与える外部環境に目を向けると，その人間が所属しているコミュニティが要因として浮上してくるのは当然であろうし，コミュニティの価値観や習慣の側に介入の方策を探ろうとするのも当然であろう。

6.1.2　状況論的学習論

　こうした社会化や学習の生起する社会的文脈に関する議論や理論の中でも，とくに教育工学と関わりが深く，学習に関する心理学や教育心理学，認知科学といった分野にインパクトを与えたものがレイヴとウェンガーの正統的周辺参加論であろう。正統的周辺参加論は1980〜90年代に認知科学を中心に切り開かれた状況論的学習論の中で醸成された。

　状況論的学習論は「学習」を，心理学者がそれを測定するためにしつらえた実験室の中ではなく，社会的状況の中で取り扱おうという研究アプローチである。私たちのリアルな社会生活の文脈で起こる学習を観察してみると，さまざまな他者や道具などの社会的資源が重要な役割を担っていることに気づく。研究者が統制する実験室，すなわち，これらの社会的資源が利用できない場所では，学習される知識が抽象化されたり，問題解決の方法が限定されたりすることで，本来社会の中で人がもつ有能性を発揮できない場合がありうる（稲垣・波多野 1989）。これは心理学者による学習研究のあり方だけでなく，学校教育をも鋭く批判する議論でもあった。学校もまた社会的状況とはかなり異なる特

殊な文脈の中で，学習の場を組みあげているのではないかという疑念である。また，ブラウンら（Brown et al. 1989）は，そもそも知識とそれが用いられる状況（社会的な実践）は切り離せないのだとも論じている。知識は社会的実践の中で使用価値をもち，また社会的相互作用の中で具体的な意味をもつ。このような考え方は，ある知識を社会的実践から取り出して整理し，現場とは別の場所で効率的に伝達できるのだという，学校の基盤となる知識観とは本質的に相容れない。これは従来の学校にみられるような模造品の活動ではなく，「真正」の活動に子どもたちを従事させる中で，知識や概念を学習させるべきであるという主張につながる。

状況論的学習論の源流の一つは文化人類学者らによる多様な地域・組織での徒弟制の観察研究にある。上記のような学校を批判的に捉える視点ともつながったこともあり，教育形態としての徒弟制が注目されることとなった。このような流れの中で，徒弟制のもつメリットを活かした教授アプローチとして提案された認知的徒弟制については6.3節で紹介する。

6.1.3　正統的周辺参加論

レイヴとウェンガーの正統的周辺参加論は，状況的学習とは何であるのかを定式化したものだ。ただし，それはさまざまな徒弟制における学習活動を一般化しようとする意図ではなく，より広く，この世界で起こる学習（状況的学習）の特徴を描こうという思惑をもった仕事である。

正統的周辺参加論は，人がある実践共同体のどこか一部として正式に位置づけられ，その位置を変えながら，実践共同体のあり方に関与しつつ参加することとして，学習の像を描く。この理論では，学習を知識の獲得や頭の中の体系化などの，個人内の認知プロセスとして捉えるのではなく，個人が知識やスキルを修得していくと同時に起こるコミュニティ内の位置の変化，それに伴うコミュニティ全体の変化として捉える。そして，変化する社会構造の中で，さまざまな要素と関わりながら，具体的な学習が進んでいく様を描き出すための道具だてが用意される。古参者と新参者の関係，共同体の中で分かちもたれた知識や技能のあり方，学習資源の配置とそれへの学習者のアクセス（透明性，隔離性）などが，学習の成否に決定的な意味をもつ。また，地位や役割の変化に

ともなうアイデンティティの変容，実践共同体が世代にわたって受け継がれること（連続性）と成員が入れ替わる（置換）ことの間のコンフリクトなど，従来の学習研究の風景を一変させるようなアプローチが提示されている。

このように正統的周辺参加論は教育実践のデザイン（理想のモデルや教授方略）に直接関わる議論ではなく，人と社会の関係を学習という視点でつなげる社会科学上の分析視座の提案であるといえるが，とくに日本では翻訳者として佐伯が，自らの学習論のキーワードである「自分探し」「文化的実践への参加」と関連づけて紹介していることや，後にウェンガーが経営学の分野において企業などの組織におけるイノベーションに寄与する，実践コミュニティの育成を指南した（2節で扱う）こともあり，学校教育や企業教育の改革の基底に据えられる理論として，影響をもち続けている。

組織・集団社会化の議論と正統的周辺参加論は，コミュニティへの参入としての学習に注目しているという点では重なる。心理学における人の発達や成長にコミュニティが関係するという議論とも関心は重なる。しかし，レイヴらの実践共同体とは，「共同体という言葉は必ずしも同じ場所にいることを意味しないし，明確に定義される，これとはっきりわかるグループを意味してもいない。あるいは社会的に識別される境界があるわけでもない」(Lave & Wenger 1991：80（邦訳））と述べられるように，一般的な意味でのコミュニティより広いものを言い表そうとしている。それは，学習される知識の存立基盤としての社会的実践に関わる共同体なのである。だから，正統的周辺参加論を含め状況論的学習論は，組織・集団社会化のように学習の一形態としてのコミュニティへの参入過程に注目しただけの議論ではなく，また心理学が発達の外部要因としてコミュニティに視野を広げたという議論でもなく，私たちの学習にはコミュニティ（実践共同体）が切り離すことのできない形で関わっているのだということを示すものであった。

6.2　コミュニティの発達

それでは，コミュニティ自体はどのような性質をもつのであろうか。6.1節で触れたとおり，コミュニティのような社会集合を取り扱う研究はさまざまな

分野でなされており，その構造や特徴を把握しようとする努力がなされている。とくに，コミュニティの構築を支援しようという本章の主題からいえば，コミュニティをどう作り上げて，成長させていくことができるのかが大きな関心となる。そこで本節では，コミュニティの発達に関するいくつかの理論を取り上げて紹介する。

6.2.1 集団発達モデル

　コミュニティも一個人のように，どこかで生まれ，姿を変えつつ発達し，いつか終わりを迎える存在だと捉えれば，その一生にパターンとしての発達段階のようなものを考えることができる。こうした発達段階としては，社会心理学における，タックマンら（Tuckman & Jensen 1977）の集団発達モデルが参考になるだろう。タックマンらは，セラピーや人間関係トレーニングに関するグループ研究事例のレビューから，小集団の発達過程として，形成，激動，規範，遂行，そして，休会の5つの段階を提案している。形成段階では，新入メンバーはどんな行動が受け入れられるのかをさぐり，その境界を見出していく。また集団での課題をどのように行うのかを知る。激動段階は，メンバー間の人間関係に葛藤が生まれ内輪もめが起こる。課題についても感情的な反応がみられる。規範段階に至ると，メンバーは団結し新しい規範が打ち立てられ，課題についてオープンな意見交換がなされる。遂行段階は，メンバーが役割を受け入れ，課題の遂行に意識が向けられる。残された段階である休会とは，課題達成や解散による集団の終わりを指す。

　タックマンらのモデルは比較的少人数のグループを扱うものであり，また，セラピーや人間関係のトレーニングなどに関わるグループの特徴を色濃く反映しているようである。しかし，他の多くのコミュニティもまたこのモデルのように，静的なものではなく，時間の中で変化し，その姿を変えていく動的なものであろうと類推することは不自然ではあるまい。実際，次にみるウェンガーらの実践コミュニティに関する議論においても，潜在，結託，成熟，維持・向上，変容という発達段階が設定されている。

6.2.2 コミュニティを育成する

　正統的周辺参加論を世に問うたウェンガーは，その後「実践コミュニティ[3]」の概念を知識経営の実践へと応用している（Wenger et al. 2002）。そこで主張されるのは，組織に必要な新しい知識を生みだし維持する（「知識の「世話」をする」(Wenger et al. 2002：43（邦訳）））には，実践コミュニティが最適の枠組みであるという考え方である。組織が時代の変化に対応する知識経営を行うためには，知識の世話人である実践コミュニティを組織の内外で意図的に育てていかなければならない。この主張においては，実践コミュニティとは明確な領域における知識の創造や交換への関心で結ばれた，自発的な参加による，境界の曖昧な集団とされている。このため多く場合，会社の部署やプロジェクトチームのようなものとは区別される。

　ウェンガーらは実践コミュニティを育成するためのいくつかのアドバイスをまとめている（Wenger et al. 2002）。まず実践コミュニティは「領域」「共同体」「実践」の3つの要素から構成される。そこで扱われる共通のテーマや問題を明瞭にし（領域），メンバーの参加の仕方やつながり方が決められ（共同体），開発プロジェクトや知識のレポジトリーを記録するなどの活動を一定のルールのもとで実行していく（実践）ことにおいて，3要素ともに気配りしてバランス良く進めていくのが大事だとされる。

　また，実践コミュニティが発展していくために重要なことは「活気」であるとして，それを生み出すための7つの原則を導き出している。すなわち「発展に向けてデザインする」「内部と外部の視点の対話を開く」「さまざまなレベルの参加を招く」「公的，私的な空間を両方作る」「価値に焦点を当てる」「心安さと刺激を組み合わせる」「リズムを生み出す」である。それぞれの説明は省くが，このような原則をとおして，風通しがよく，変化に対して柔軟で，居心地もよいが退屈もない集団であるように気を配ることが肝要であると説いている。この他，先に述べた発展段階を設定して，各段階で起こる特徴的な課題をどう取り扱うのかにも指針を挙げている。こうした原則や指針はさまざまな分野でのコミュニティ運営にとって参考になるものであり，たとえば山内ら(2013)は，彼らのワークショップデザイン論の中で，ワークショップの実践者集団をどのように育てていくかを検討するために，この7つの原則を参照し

ている。

　一般に，実践コミュニティのような自発的参加によって支えられる集団は，制度に保証されたものや，利害関係をもつようなつながりと異なり，途中で離散しやすい性質をもつだろう。また実践コミュニティはその定義からいって，会社の部署やプロジェクトチームのように，決められた大きな仕事を複数人で実行するために，タスクを分割してフローを作り，そこに人を割り当てて設計することはできない。それでも，前述のような，配慮すべきポイントを押さえつつ，活性化するための工夫を続けるという方法の背景には，実践コミュニティをより大きく発展させるための，ある種の設計可能性があると考えられているといえる。

6.2.3　コミュニティの歴史文化的発達

　ヴィゴツキーやレオンチェフなどの20世紀のロシアの心理学者たちによる活動理論を発展させて，エンゲストローム（Engeström 1987）が定式化した「活動システム（活動の全体構造）」（図6-1）は，コミュニティの発達について，前述までの議論とは異なる視座を与えてくれる。この図では，人間の活動，すなわち，ある主体が対象に向かいあい何かの結果を生み出す際には，上側のルートでは道具，また，下側のルートでは共同体に媒介されていることを意味する。道具とは歴史的・文化的に先代たちから引き継がれた言語や技術である。つまり，人間の活動は常に過去の共同体の遺産をベースに，現在の共同体とともに共同的に為されるものとして描かれている。また，主体と共同体の間にはルールが，共同体と対象の間には分業が媒介しており，ここでもまた活動には人々の間に分かちもたれてきた規範や慣習が関与していることが示されている。この図の主張するものの一つは，人間の活動を分析する際に，これら要素間の結びつきと

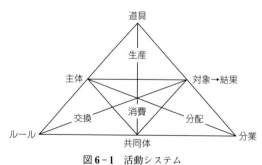

図6-1　活動システム
出典：エンゲストローム（1987：79）．

第6章　学習のためのコミュニティのデザイン

共に，システム全体を把握することの重要性である。

　また，活動システムの周りにはたくさんの隣接する別の活動システムが存在し，多様なあり方で相互に関係しあうと考えられている。たとえば，ある活動システムで結果として生み出された生産物を道具として用いて，新たな結果を生み出す別の活動システムがある。教育機関のようなシステムが結果として生み出す特定の技能を備えた人々は，別の活動システムの主体となりうる。

　エンゲストロームはこの図を，人間活動を理解するためだけでなく，活動に変革を生み出す（これを彼は「学習活動」と呼ぶ）ための枠組みとしても利用している。本質的に活動システムの各項目はその項目内と項目間，あるいは活動システム間に矛盾を抱えている。たとえば，ある道具が進化したのに分業関係が硬直しているとその間に矛盾が生じる。この矛盾によって新しい道具の導入が見送られる可能性もあれば，矛盾を原動力として，従来の分業関係が見直され，新しい分業関係が生み出されるかもしれない。エンゲストロームは後者のような新しい活動システムを生み出す活動こそが学習活動なのだという。

　以上の概観の通り，エンゲストロームの活動システムを基底とした理論は，コミュニティの性質を特定するというよりは，歴史的・文化的文脈の中で人間活動が生成される様をシステム的に理解しようという目論見をもつ理論である。6.2.1で述べたようなパターンとしてのコミュニティの発達段階も設定されない。歴史的・文化的な時間の中で活動システムに矛盾が発露し，それと向きあい社会的問題や経済的問題の解決をとおして人間（コミュニティ）が発達していく力動感あふれるプロセスが分析される。

　このため実践コミュニティのように意図をもったコミュニティを設計していくようなニーズにこの理論が適するかは不明である。歴史をもち，文化的遺産を引き継ぐ所与の活動システムを取り上げ，各項にどのような矛盾が潜在しているかを分析し，そこに潜む問題をあぶり出し，学習活動を起こすことに本領を発揮する。あるいは，隣接するコミュニティとの関係を活動システムのネットワークとして理解すれば，眼前の問題にとらわれない大きな地図を得ることも期待できる。エンゲストロームはまた学習活動で用いられる道具をスプリングボード，モデルといった概念で整理しており，これらもコミュニティの変革をリードする際に参考になる。

6.2.4 コミュニティを越える

　正統的周辺参加論や実践コミュニティの議論において，人が同時的に多数のコミュニティに属していることが想定されたように，あるいは，エンゲストロームが隣接する活動システム間にネットワークが形成されていることを示していたように，コミュニティの概念は，複数のコミュニティ間に発生する境界や重なりへの関心を呼び起こす。たとえば，ウェンガー（Wenger 1998）は2つのコミュニティをつなぐものとして，人による仲介（Brokering）と，人工物や概念などの境界的なオブジェクト（Boundary Objects）の2つの形式を挙げ，その性質を記述しようとしている。エンゲストロームは部署やチームを越境（Boundary Crossing）して起こる学習を，熟達による学習（垂直的学習）とは性質の異なる水平的学習として捉えるべきだとしている。

　エンゲストロームの関心を受け継いだ香川（2015）は，コミュニティの境界が両義的な性質をもつと指摘している。境界は自分たちの仕事を区分けしたり，連帯感や独自の文化を醸成したりするための参照枠として必要的側面をもつ一方で，他のコミュニティの知識を取り入れることの障壁となったり，境界を越えた意思疎通が困難であったりするという問題的側面も抱えているのだ。香川は，「人やモノが複数のコミュニティをまたいだり，異質な文脈同士がその境界を越えて結びついたりする過程を，さらには，そこで起こる人々やモノの変容過程」（p. 35）を「越境」と定義し，境界のもつ矛盾と向かいあうことを越境的対話と呼び，その実践のポイントをいくつかにまとめている。

　これらの状況論的学習論と関連の深い学術的文脈以外にも，経営学などでイノベーションのプロセスが研究される中で，コミュニティを越えることの持つ意味は注目されてきた。組織論におけるコミュニケーション研究では，境界連結者という存在が組織外部の知識を収集し組織内に取り入れることの重要性がこれまでに多く指摘されている。たとえばアレン（Allen 1977）は，製品や技術の開発の際に，組織の境界を越えてコミュニケーションをとり，必要な情報をつなぎ合わせる個人を「ゲート・キーパー」と呼び，組織外部の知識を収集し組織内に取り入れることで，組織のパフォーマンスに重要な役割を果たしていることを明らかにしている。しかし一方で，ゲート・キーパーを組織が任命した場合，情報収集という役割は多くの場合果たせるが，収集した情報をグ

ループ内に浸透させることには失敗しがちなことが発見されている（Nochur & Allen 1992；平井ほか 2007）。この後者の役割を原田（1996）はゲート・キーパーと区別し，トランスフォーマーと呼び，組織内に一次伝達された外部の情報を，組織内の共通言語スキームに変換し二次伝達を行う存在としている。以上にみるように，外部の知識は単純にもち込まれることはない。複数の異なる役割を担った人間が関わるプロセスの中で解釈され，変容するのである。それは新しい知識の創造とも言えるだろう。

　本節の終わりに強調しておきたいことは，ここで取り上げたコミュニティに関わる理論においては，概して，発達，学習，知識創造とはコミュニティ全体に関わる概念であることだ。あくまでその分析単位はコミュニティであり，個人ではない。これは次節の学校現場におけるコミュニティ構築のあり方において検討したい観点に関わる。

6.3　コミュニティ構築のデザインと教育改革

6.3.1　学習環境のデザインとコミュニティの構築

　状況論的学習論で示されたような，学習とコミュニティの重要な結びつきに目を向ければ，教育実践のデザインとはすなわち，学習者が参加するコミュニティやそのコミュニティが取り組む社会的実践の要素を含めて，学習環境をどうデザインするのかという課題になる。

　たとえば，加藤・鈴木（2001）は，状況論的学習論を踏まえつつ，学習環境のデザインとは学びのコミュニティのデザインに重なることを指摘し，デザインの過程をヒト（組織），コト（活動），モノ（道具）の3つのレベルで整理している。この見地からは，教育工学における教材の開発研究（モノのレベル）も単にそのレベルだけで完結しては不十分で，ヒトやコトのレベルも含んだ，すなわちどのようなコミュニティのどのような活動の中で，その教材が用いられるのかというトータルなデザインへの配慮が要求される。同じように，美馬・山内（2005）は，未来の学びのための環境をデザインする方法論を「活動」「空間」「共同体」の三要素でまとめ，これらを一体としてデザインする必要性を述べている。このうち，共同体に関してならば，そのポイントとして，

目標を共有すること,全員に参加の方法を保証すること,共同体のライブラリーを作ることを挙げている。

しかし,こうしたデザインの指針は,どこで誰を対象にこのような学習のためのコミュニティを構築するのかという課題によって効用が異なると考えられる。たとえば,社会人を対象に実践コミュニティのように自発的な参加者たちが知識の探究を行う魅力的な会を作りたい場合,あるいは,ある職場での技能や知識を習得する学習環境を整備したいという場合であれば,ここまでで紹介した理論や原則が比較的潤滑に適用できると考えられる。これに対し,学校教育の枠の中で学習者の参加するコミュニティを作ることはいくつかの制約を抱えている。6.3.2,6.3.3では,学校教育に関わる教育改革として,学習のためのコミュニティ構築に取り組む欧米の研究事例と,日本の動向を概観するが,その前に本章で検討したい2つの制約に触れておこう。

一つ目の制約は児童・生徒・学生が「自発的な参加」をしているとは言えないことである。集団社会化モデルやウェンガーの実践コミュニティの議論の底流にあるのは,比較的参入や離脱に制限のない自発的参加をする個人である。対するに,義務教育またはそれに近い状態で教室に来ている児童・生徒,あるいは,単位さえ取れればよいという大学生たちでは,自発的なコミュニティへの参加を期待できる層と,できない層があるはずだ。学校では好きな教科のコミュニティだけに参加することもよしとはされない。大学は入学からして学習内容を選択できるわけだが,自らの関心や希望に必ずしも適った選択をしていない層は確実に存在する。コミュニティからの離脱の観点で言うと,学年末や卒業がくれば,どれだけ熱心で有能であっても,そのコミュニティの中心メンバーとしての役割からは退かねばならない。付け加えると,教室において1人だけ大きく異なる事情を抱えて参加する教師の立場の特殊性も,この制約と関連づけられるだろう。

二つ目の制約は「評価」である。6.2節でみたように,コミュニティを捉えようとする理論では,多くの場合コミュニティ全体の学習や発達が扱われる。たとえばウェンガーの実践コミュニティ育成の原則は,集合的な知識の蓄積・発展へと向けられたものである。しかし,現在の学校の選抜・評価システムは個人に関するものである。学校は生徒・学生を個人の単位で社会へと送り出す。

極論すれば，学校内のコミュニティが失敗しても，個々の資質能力が身につき，社会への移行がスムーズにできさえすれば，学校教育としては成功したといえる。正統的周辺参加論を別にすると，コミュニティの維持や発展の課題に関わる思考の途上では，どうしてもコミュニティ全体の達成へと焦点が当てられ，個々のメンバーの姿はぼやけてしまう。一方，現在の学校でコミュニティを構築するときは，コミュニティの活性化や，集合的な知識の創造だけに満足してはいけず，個の成長にも配慮せねばならない。

6.3.2 北米を中心とした取り組み

コリンズ（Collins 2006）は，状況論的学習論の議論を踏まえ，国語や算数の教科を教えるために，徒弟制を「認知的徒弟制」として再構成している。認知的徒弟制は通常の徒弟制のように，熟達者が実世界の問題解決において，どのような文脈で知識や技能を使用しているのかが学習者にわかるようにすることに注意をはらうものであるが，「認知的」という言葉をつけることで，身体的スキルよりは，認知的スキルに焦点を当てることを明示している。認知的徒弟制の従来の徒弟制と異なる特徴は，職場のような制約のない，学習を中心に活動を組みあげる点や，多くの状況に知識が利用できるように一般化を目指す点である。

認知的徒弟制の具体的な教授方法としてコリンズが挙げるのは，熟達者を観察できるモデリング，学習者の遂行プロセスに介入するコーチング，足場かけ，アーティキュレイション（詳述），学習者自身による探索，リフレクションである。課題が進むに従って，複雑性や多様性を増加させるだとか，局所的スキルの前に全体的スキルを示すという学習活動の配列の原則も示している。また，テクノロジの活用という面では，足場かけや，アーティキュレイションやリフレクションの過程に，コンピュータやネットワークが有効に活用できる可能性を記している。

このように認知的徒弟制は，教授法の観点から徒弟制の優れている要素を学校の授業に取り入れようという発想である。その内容は，従来からもさまざまなところで授業設計に重要だと考えられてきたものと重なるようにも思われるが，具体的文脈やコミュニティの中で学ぶ徒弟制というイメージのもとで組み

合わされることによって，より有効に機能することが期待されるだろう。

　状況論的学習論がさかんになる中で，優れた事例として日本でもよく紹介されたのが，ランパートの実践研究（Lampert 1990）である。ランパートは自ら教壇にたち算数・数学の授業を行う中で，音声やビデオデータ，フィールドノートをとり，教室の出来事を振り返り，教え方に反映していくアクションリサーチを行っている。彼女は，数学者が数学をすることと数学がわかることは，通常の学校におけるそれとはかけ離れていることを指摘し，数学することの本質として「謙虚と勇気」という美徳に注目している。自身が小学5年生に対して行った指数に関する授業事例から，児童や教師がどのような思考と行動を通し，この美徳を学ぶことができたのかを検証している。たとえば，「私はこう思う」といった主張を行うこと，「主張を変えたい」と申し出ること，異議を唱えるときは証拠を呈示することなどを教室の対話の中で行えるようになっている姿を示し，また，数学をわかることと対立するようなパターンとして「教師や信頼できる権威ある子に承認を求める」などの行動を抽出している。ランパートは教室の中に数学について語り合うコミュニティを作り上げたのである。

　状況論的学習論に強い影響を受け，学校内に本格的に学習者のコミュニティを作ろうとしたプロジェクトとして代表的なものが，アン・ブラウンら（Brown, & Campione 1996）の「学習者共同体の育成」（Fostering Communities of Learners：FCL）である。このプロジェクトはアメリカの小学校（1～8年生）で実施され，批判的思考とリフレクションのスキルの促進を目的とする。数ヵ月をかけて児童たちはさまざまな活動に従事しつつ，「食物連鎖」などのテーマを探究的に学ぶ。さまざまな活動とは，ブラウンら自身によって開発された相互教授法（Reciprocal Teaching）や，ジグソー学習法，クロストーク（クラス全体での意見交換），必然性のある課題（解決にさまざまな知識を必要とする高度な課題），異学年教授といった方法である。これらの方法は〈研究調査－情報の共有－必然性のある課題〉という活動のサイクルの中で関連づけられており，それゆえ，各方法の表面的な導入は避けなければならないと注意されている。教室や学年の壁を越えて，子どもたちと研究者たちは結びつけられ，電子メールを利用して外部の専門家たちも巻き込んだ学術的探究のコミュニティを生み出すことが目指されている。

FCLにおいては，分かちもたれた専門性（Distributed Expertise）が重要な考え方となる（Brown et al. 1993）。個々の児童によって異なる専門性はジグソー学習法などの活動によって設計されるが，自然発生する場合もある。誰かの生み出した考えが共通の知識になる場合もあるし，これは専門的なのであの子にしかわからないというままの知識もある。この考え方が，皆が同じ内容を同じ時に修得しなくてもよいことや，それぞれの「違い」に対して正統性を与え，自信やアイデンティティをもたらすのだ。

　FCLと並んで学校内のコミュニティ構築に関するプロジェクトとして知られているのが，スカーダマリアとベライターら（2010）が追求する「知識構築共同体」である。知識構築共同体は，アン・ブラウンらの学習共同体とは異なり，学習者が主体的に問題発見，解決，問題の再定義（漸次的問題解決活動）に継続して取り組む。それは，メンバーが自分たちの問題を見出し，それを解決するための知識を共同で創造していく共同体である。スカーダマリアらは知識構築共同体のデザインについて12の原則を提案している。詳細については彼女ら自身の論文を参照いただきたいが，たとえば，多様なアイデアを包含する体系化の活動が重視されるなど，共同体がうまく知識構築を行えるように共有すべき価値観やルールが原則として規定されている。知識構築共同体の活動を支援するツールとして開発された協調学習支援環境がKnowledge Forum®である。このツールは「足場かけ」として，複合メディアを使って意見し共有できる「コミュニケーション機能」，思考に制約を与え意見の書き出しや振り返りを援助する「思考の類型」，共有された意見を空間的に整理できる「ビューデザイン」の3つの機能をもつ。大島たちの研究グループはKnowledge Forum®を活用し，知識構築共同体を形成する教育実践を日本国内で展開しているが，オオシマら（Oshima et al. 2006）では「学習者のアイデアを常に彼らの学習の中心におく」などの，4つの教授学的原則が設定されている。

　以上，状況論的学習論とも関わりの深い事例を取り上げたが，これ以外にも，学生同士の協力的関係を基盤にした「協同学習」の研究者として日本でもよく紹介されるジョンソンら（Johnson et al. 1991）もまた，本章でいうコミュニティと重なるような学生集団を構成することを提案している。彼らは，大学教育において，少なくとも1年は継続するような集団（ベースグループ）を形成

し，交流をとおして互いの学習に責任をもたせる方法の有効性を，長期的な人間関係の形成，精神的健康面や動機づけといった観点から論じている。

6.3.3 日本での展開

　正統的周辺参加論の翻訳者でもある佐伯（1995）は学ぶことを，文化的実践への参加や，自分探しの旅として，自身の学習論を構築している。佐伯が学びのドーナッツ論として展開するのは，学び手である私が外界へと認識を広げていく際に，二人称世界との関わりを経由するという図式である。つまり，主体が外界を知るときに，二人称世界の間の第一接面と，二人称世界と外界の間の第二接面を経由するのであるが，この構造から教師や教材のあるべき状態が導かれる。すなわち，教師は，第一接面をとおして学習者にとって親しみやすい二人称世界として存在しなければならないが，同時に，外部の文化的実践に深く関与し，その世界を学習者に垣間見せることができるような第二接面をもたなければならないと佐伯は述べる。教材もまた同様である。そして，教室は，教師と子どもが二人称世界で共に学び合う対話の場となり，奥深く豊かな真正の文化に触れられる，現実世界の文化的実践への橋渡しとなるべきなのだ。

　こうした学習論に基づいた学校の改革も唱えられた。佐伯と藤田，佐藤（編著）による，東京大学出版会の「シリーズ　学びと文化」（全6巻）は，子どもたちの学びを文化の継承と創造に関連づける授業を行う教師たちの実践報告を，学問や芸術の文化の担い手である専門家も交えて，教育研究者が討論し，知見を得ようとする企画である。最終巻（佐伯ほか 1996）では，「学び合う共同体の構築へ」という提言があり，佐伯，佐藤，藤田それぞれが，教育の混迷の解決に向けて，学校や教師それをとりまく社会がどう変わるべきかを主張している。

　その中でも佐藤は学校変革に関わる経験を重ね，日本の初等中等教育における質の高い学び，豊かな学びを実現するために，「学びの共同体」の学校改革を主導している。学びの共同体の学校のヴィジョンとは「子どもたちが学び育ち合う学校であり，教師たちも教育の専門家として学び育ち合う学校であり，さらに保護者や市民も学校の改革に協力して参加して学び育ち合う学校」（佐藤 2012：17）とされる。佐藤はこの学校改革を3つの哲学で基礎づけている。

第6章 学習のためのコミュニティのデザイン

それは，学校・授業は開かれた空間であるという公共性，他者と共に対話し生きていくという民主主義，授業と学びにおいてベストを目指す卓越性の3つであり，これらに基づいた3つの活動システム——教室における協同的学び，職員室における教師の学びの共同体と同僚性の構築，保護者や市民が改革に参加する学習参加——を動かすことで，学校内の分裂などを避け，自然にかつ必然的に，学びの共同体が構築されるのだと説いている。

佐藤の考える協同的学びとは，各教科の本質に沿った，対話による文化的社会的実践としての学びであるが，こうした理念と区別できるのが，西川が提唱し，学校現場に広がる『学び合い』という授業に代表されるような協力関係の導入である。『学び合い』は，簡単に言えば，授業の冒頭において教師が課題を設定し，後は子ども同士が教え合って達成するという授業である（西川2010）。『学び合い』ではお互いに協力して全員が課題を達成することが教室の目標として徹底される。たとえば黒板に課題を達成した人がわかるように示すなどの方法で，達成状況が確認される。また，達成の度合いが子どもにはわかりにくい課題などでは評価規準も示される。『学び合い』に取り組むことで，成績向上や，人間関係の変化が効果として確認されているという。異学年合同や全校合同での『学び合い』の時間を設けている学校からの報告もある（西川2013）。

この他，電子ネットワークを用いて学校と科学者を結びつけ，コミュニティを構築した国内初期の試みとして，美馬の主宰した科学者と学校の児童・生徒が交流した「湧源サイエンスネットワーク」の取り組みが注目される。この取り組みの具体的な内容については苅宿（1996）との小学校における「不思議缶ネットワーク」の実践（美馬1997）や，吉岡（2000）との高校における明正プロジェクトの実践報告がある。児童・生徒からの質問などに科学者たちが回答するという活動が行われているが，すれ違いや深まらないやりとりを乗り越え，対面での交流を経るなどして，両者の関係が築かれた過程が報告されている。

6.3.4 学校教育とコミュニティ

6.3.1で触れた学校でのコミュニティ構築の制約について，6.3.2や6.3.3の事例はどう対応しているのだろうか。まず自発的な参加に関する制約につい

て検討してみよう。

　多くのプロジェクトにおいて，教室内に協調の文化をつくりあげるために，教師が共に学ぶことや，課題に協調して取り組むことの価値を強く訴えることの重要性が唱えられている。協調の価値は，今このコミュニティに属することを説明し，個人の関心の違いを理由とした離脱を暗に認めない。

　ただし，ただ価値を語るだけでは十分ではない。知的好奇心をくすぐりコミュニティに関心を引きつけるために（従来の授業づくり同様であるが）教材・課題が工夫される。課題の真正性への配慮は学習内容の実生活での使用価値のアピールにつながる場合もある。また，学習内容にあまり興味をもたなくても協調活動に巻き込むような周到な活動のデザインが行われているとも指摘できる。たとえば，ジグソー学習法や『学び合い』は自尊心や責任感から活動に駆り立てる方法だといえる。この意味で，参加者の関心を引きつけるために，コミュニティの活性化を効果的に行いたいという目標においては，ウェンガーの実践コミュニティを育成する原則は，本質的な部分では学校でも親和性をもつだろう。

　なお興味をもたない生徒や学生を巻き込む方法に関して付け足すと，場合によって，「自発性」の度合いの違いが可視化されないようなデザインがとられる可能性がある。すなわち，ジグソー学習法のような課題の割り当てにおいて，個人の関心で選択させるのではなく，ランダムな割り当てを行う方法が選択されるなどである。あるいは，特定の教科内容や単元のテーマへの関心よりも，そうした課題をとおして，一般的な知的技能や「学び方」を学ぶなどの目標を重視し，どの内容も全員に等しく関係することにする戦略もこのことと関わるように考えられる。

　続いて，評価という制約についてはどうであろうか。多くのプロジェクトの設計上の関心は，協調の価値を埋め込んだシステムの構築やその到達度にある。個々の児童・生徒は，このコミュニティへの参加の中で，自分づくりをしていくが，それは主なコントロールの対象ではなく，協調活動に親しみ，コミュニティに包摂されることで，個の抱えている問題も解消されるという考えがある。

　ただし，上では取り上げなかったが，多くのプロジェクトで標準テストの成績向上が報告されている。しかし，こうした結果はプロジェクトの目標には据

第6章　学習のためのコミュニティのデザイン

えられていない．協調の価値は，新しい知識の創造，全体の底上げ，1人も見捨てないこと，他者との対話の継続（民主主義）への願いなどと結びついている．少なくとも分裂を招くような競争は忌避される(5)．追求されているのは，標準テストから，固有の意味をもつ経験や創造された知識への貢献などについての質的な評価への変革である．あるいは，コミュニケーション力などとも関係づけて，「協調して学ぶ力」を評価システムに組み込むべきだという主張もあるだろう．このように，学校に学習のためのコミュニティを構築するプロジェクトでは，学校を取り巻く社会までを射程に含んだ変革が構想されている場合がある．

　評価に関連して，教室内の到達レベルをどこに据えるのかという設計上の課題がある．単純に考えると，全体の底上げを目指すならば，教室の平均的なレベルをターゲットにするのがよいように思われる．しかし，佐藤は，経験からいって，高いレベルの課題に取り組まないと中位以上の成績が向上せず，将来的に全体のレベル低下を招くという（佐藤 2012：37）．実際，FCL において重視される「分かちもたれた専門性」のように，各人の関心に従い深められた専門性が，協調活動のダイナミズムを生み出している．知識構築共同体で志向されるのは，所与の課題を越えて，自分たちの関心を追求する，終わることのない探究である（よって，到達レベルはそもそも設計の対象ではない）．

　最後に，コミュニティとは少し外れるが，真正の学習や徒弟制を模範として，学校教育に社会的実践を直に接続させることに関する，福島（2010）の指摘に触れておきたい．福島は，学校の中に職業に対応するようなあらゆる種類の社会的実践を用意できる訳はなく，またたとえばインターネットで科学者と子どもを結ぶような実践では，「自然科学的な実践」が暗黙に優先されることになるが，これは将来科学者になるかもしれないごくわずかな子どもたち以外には効果的であろうかと批判する．たしかに，徒弟制は職業・労働に関わるシステムであるからこそ学習者の動機づけに影響をもつ．普通教育の教室で，現代の科学者たちと同じような実践に参加させるまではできても，「将来科学者になる皆さんにはこの技能は必須です」といったメッセージは出せない．もちろん，そうした実践において「将来，皆さんの生活に大きな影響をもたらす科学知識の本質を知ってください」というメッセージは出せるし，少なくとも，現在科

学教育を行う職にある教師たちが，テストのための暗記補助ではなく，こうした科学者の日々の実践を知ってもらう方が，本来の教科の目標にかなった授業だと考えることは，まったく正当であろう。とはいえ，福島の考察は最終的には，一つの授業がどう設計されるかということにはなく，離脱の難しい現代の学校の強制的なシステムがもつ問題性に向けられている。現実の問題としても，教師の多くはプロの科学者や歴史家ではなく，各教科をその親学問の社会的実践に接続するような標準カリキュラムは実効性が低いといわれても仕方ない。文化的実践に関わる対話の学びへの教育改革を国レベルで考えるなら，現在の選択自由度の低い学校システムの本質とのすり合わせや，実践を支援するリソースの提供が同時になされなければならない。

6.4 日本教育工学会におけるコミュニティに関わる研究事例

本節では，日本教育工学会論文誌で発表されたものの中から，コミュニティあるいは共同体に関わる論文を2つに分類して，紹介しよう。

6.4.1 コミュニティを分析上の概念として利用する研究

最初の分類は，正統的周辺参加論や実践コミュニティを分析概念として利用する研究である。

日本における状況論的学習論の旗手の一人であった上野（上野・ソーヤー2010）は，大学におけるWeb2.0アプリ開発プロジェクトとそれを担った学生の学習環境と過程について，ウェンガーのアクセスや透明性の概念等を用いて分析している。岸ら（2010）は，地域連携プロジェクトに関わった大学院生へのインタビューから，研究プロジェクトに参加する過程における，研究室の文化や他者などの関わりを分析している。森（2009）は，大学の同コース同クラスに所属する全12名の1年生を対象に，1年間の授業の参与観察やインタビューを行っている。学生の状態を，親和動機や内発的動機，学生の持つ学習観などの概念で整理した上で，協調学習をその効果と成果物の還元先から3種類に分類し，コミュニティの概念も利用しつつ，学生に適当な協調学習プログラムを検討している。

第6章　学習のためのコミュニティのデザイン

　同様に大学教育を対象とした研究には，参与観察などの方法ではなく，質問紙調査によるアプローチもある。伏木田ら（2011）は，国私立大学の387名の学部生への調査を行い，学習意欲などと，ゼミの活動内容，ゼミへの主観評価や共同体意識の学習成果への影響を検討したものである。分析の結果，共同体意識が，教員の指導の量，学習意欲，成長実感などと相関をもつことが確かめられている。河井（2012）は大学生の学習に越境の視点をもち込んだ研究である。ボランティア・プロジェクトに参加するなどしている大学生431名を対象とする調査から，サークル等の授業外実践コミュニティでの学習を，大学での学習とつなげる（ブリッジ）ことのできている学生は，友人関係や読書等の点で充実した生活を送っていること，学内外での知識技能修得の自己評価で高い得点を示すことを確認している。さらに大学生547名を対象にした別の調査（河井・溝上 2012）では，ブリッジの範囲を授業間，（これまでと現在など）時間的に異なる時点の学習間，授業外と授業間の3つに広げた上で，学習活動の深さや将来の目標に向けた日常を送っているかどうかとの関係を検討している。

　社会人を対象とした研究も報告されている。荒木（2007）は，日本企業の専門的職業従事者である若手中堅社員300名への質問紙調査から，問題解決のための部署を越えたチームや社外の勉強会などの，仕事に関わる実践コミュニティへの参加経験と，今後のキャリアに対する意欲と展望が関係していることなどを確かめている。抽出した13名へのインタビュー調査では，実践コミュニティを同質型，サロン型，創発型の3種に分け，とくに異質なメンバーが共同で解を出すことを求められる創発型の経験において，今後のキャリアへの意欲が高まる事例などを見出している。さらに荒木（2009）は，社会人のキャリア確立を促すような実践コミュニティのデザインを探るために，10個の実践コミュニティに所属する30名（各コミュニティで，コアメンバー，アクティブメンバー，周辺メンバーの3名）へのインタビュー調査を実施している。その結果，キャリア確立に関連しては，(1) 社外や部門横断型などの職場を越える実践共同体に参加することの重要性，(2) 成果を志向しないような緩やかな活動では，メンバーが実践共同体の活動を自分の仕事に引きつけるため，多様な視点がもち込まれやすいこと，(3) コーディネーターが活動やメンバーに細かな配慮を行っていることを導き出している。他にも，社会人を対象とするものと

して，高尾・苅宿（2008）では，ワークショップを実施する団体を実践コミュニティとみなし，スタッフたちが「十全性」に気づき理解しようとしている姿などを，主にインタビュー調査で迫り，その結果から，専門性発達のための要件を引き出している。

　以上のように，大学生，社会人を対象にコミュニティを分析概念に用いた研究がみられる。インタビューなど質的調査を用いたものでは，限られた事例数からではあるが，学習に効果をもたらす実践コミュニティの条件などについて示唆が得られている場合もある。質問紙調査等を用いた研究では，実践コミュニティや越境などの概念と，学習効果の関係に迫ったものがみられる。

　この他に，北村ら（2013）は，実践コミュニティへの参加の変化を捉えるのにネットワーク分析を利用している。事例としては学会の2つの研究会の8年間の共著者ネットワークのデータを用いている。3種類の中心性得点の変化を独立変数として，役職の経験年数を従属変数とした重回帰分析を試み，十全的参加の程度を捉える指標として次数中心性の変化が利用可能であることを見出している。ネットワーク分析と実践コミュニティの概念を接続する研究として注目される。

6.4.2　コミュニティの観点から教育実践をデザインした研究

　第二の分類は，コミュニティの観点を含めた教育実践，および，その実践に関わる道具やシステムをデザインし，その効果を検証している論文である。いずれも，インターネットを活用したオンラインのコミュニティ構築の可能性や効果，システム開発に焦点を当てた研究となっている。

　この分類では，まず科学技術教育に関わる実践報告が目立つ。中原ら（2002b）はロボット開発に興味をもつ全国の小・中学生25名がWEB上に用意されたコミュニティサイトに参加した実践を報告している。子どもたちは開発した作品の動画などを共有し，メッセージをやりとりする。またオンラインでロボットコンテストが実施され，相互評価が行われた。論文では，コンテストや相互作用がロボットの製作に果たした機能を検討している。

　縣ら（2002）は，ネットワークをとおして，世界中の教師が参加する天体物理学の教育プロジェクトについて，参加する日本の教師へのアンケート調査な

第6章　学習のためのコミュニティのデザイン

どから，プロジェクトの活動の詳細を報告し，課題を検討している。日本の中・高校生たちが，Web，電子メール，テレビ会議をとおして海外の研究者たちとやりとりしたり，自分たちの研究テーマに関してリモート観測で得た天体画像を解析したり，研究者のような探究課題に取り組んでいた。

　鈴木ら（2002）は，理科の教員養成課程の3年生9名が電子掲示板上で，現職教員も含む院生らとともに，「どうして地球から満月が見えるのか」という課題についての対話をとおして，個々の知識がどう変容していくのかを分析している。

　山内（2003）は，高校生と科学者の電子会議室上でのメッセージ交換を中心とした実践の参与観察を行っている。山内は，電子ネットワーク上の実践コミュニティと高校内メンバーによる実空間上の実践コミュニティとが重なる形で存在する事例としてこの実践を問題化し，生徒の学習過程について，2つのコミュニティへの参入・離脱などに着目して分析し，電子ネットワークへの親和性，科学・学習観の相違などが影響を与える要因となることを見出している。

　このように，科学技術教育に関しての報告は多く，植野・矢野（2005）が展望論文をまとめている。植野らは，科学技術教育をとくに「科学的実践」と「協働」の観点から整理した上で，より真正性の高い学習環境の実現に向け，科学技術に関する職業共同体との接続への期待を述べ，eラーニングを用いた科学技術教育の可能性を論じている。

　次に多くみられるのは，現職教員の授業研究などに利用された報告である。中原ら（2000）は，電子掲示板とそこでの議論をマップ上で整理する機能をもったCSCL環境を開発した。この環境を用いて，テレビ会議システムを活用した授業づくりに関わる研究会に所属する教師たち20名が，実践の報告と議論などを行った事例を対象に，どのようなリフレクションが行われたかを質的に分析している。また，戸田ら（2009）による，現職教員を対象とするLMS（学習管理システム）を用いた遠隔研修で，参加した合計6名の2年間の実践をとおしての評価と，より効果的な運用のあり方を探った研究報告がある。事後の質問紙調査とLMSの掲示板への投稿を分析しているが，活動への参加のほか，掲示板におけるインフォーマルな会話などが共同体意識の醸成に寄与していることが示唆されている。他にも，鈴木ら（2010）がWebベースの授業

研究プログラムを開発している。このプログラムには中学校教師4名が参加し，専用に開発されたWebシステムを用いて，教師同士がお互いの授業実践の指導案とビデオを共有した上で，指導案へのコメント機能やテレビ会議などをとおして授業研究を行った。このプロセスでのコメントの内容や指導案の変化，インタビュー調査の結果などからプログラムを評価している。

　最近では，独自のSNSを立ち上げて，授業に関わるメンバーでコミュニティを構築し，学習活動の支援へと結びつける実践もみられる。望月・北澤（2010）は，ソーシャルサポートが得られることを目的として，教育実習生がSNSの日記やコメント機能をとおして，教育実習中にその体験を報告し，対話を行う実践を行っている。対話には，1名の教職経験者が加わっている。日記とコメントの内容を分析した結果，実習日誌と異なる機能を果たし体験の振り返りに有効であったこと，他者からの情緒的サポートが得られていたこと，また，情報の入手に役立ったこと，実践的な知識に関する吟味が行われたことを報告している。この他，野寺ら（2010）は，大学の海外研修に参加した学生のうち，学内SNSのコミュニティ（電子掲示板）を高頻度で利用していた者は，そうでない者に比べ，帰国後に実用的な学習動機が高まっていることを示している。

　以下の2つの研究は，学習活動で用いられるシステムのデザインにおいて，コミュニティ形成に寄与するようなインタフェースを開発し，統制群を置いた実験を行い，効果を検証している点で注目される。八重樫ら（2006）は，eラーニング等での動画視聴中に関心をもった時点でクリックして自身の関心度を記録できる動画プレイヤー「iPlayer」の開発研究を行った。iPlayerは他の視聴者の関心度の記録も参照できる。普通の動画プレイヤーを用いた対照群との比較実験から，iPlayerの利用群が集中して視聴していること，共同体意識をもつこと，満足度が高いことなどの結果を得ている。望月ら（2007）は，大学でのプロジェクト学習で利用する携帯電話の待ち受けアプリケーション「ProBoPortable」を開発している。学生グループが相互に分担している課題とその進捗を提示することで，グループ全体の状況を理解し，分業の調整や相互扶助を促すことを目的としている。ProBoPortable利用群で学習共同体意識が向上していることを確認している。中原ら（2002a）は，CSCLにおけるデザ

イン上の課題を，可視化，キューイング，コンテンツの3つの観点で整理しているが，先述の2つの開発研究は，可視化にあたるデザイン課題に挑戦したものだろう。なお，携帯電話の待ち受けアプリケーションについては，中原ら（2004）も大学のeラーニングサイトの掲示板の状況を樹木の生長で表現したiTreeと呼ばれるシステムの開発と評価を行っている。

この他，山田（2013）では，ICTを利用したインフォーマルラーニングにおける研究動向をレビューする中で，学習者のコミュニティの構築などに関する論文も紹介されており，参考になる。

6.5 今後に向けて

本章では，教育工学分野の周辺におけるコミュニティ構築支援に関する研究動向を紹介した。6.1，6.2節でみたように，状況的学習論や，正統的周辺参加論の議論によって，知識や学習が社会的実践やコミュニティと分離できない性質をもつことが強調された。また，コミュニティの発達を取り扱った議論では，発達段階や矛盾から発生するダイナミックな変化の過程をとおして，コミュニティレベルでの学習が起こることが主張されている。

6.3節では，欧米と国内のコミュニティ構築を通した学校での教育改革の事例を紹介した。その上で自発的な参加が前提されないという制約については，協調の価値観の形成や，真正性への配慮により自発的参加を促すなどの工夫があることや，関心の違いや自発性を見えなくするようなデザインもあることを述べた。評価の点では，コミュニティ構築を通した学校での教育改革は学力向上という点で成果を上げているが，多くの改革は協同的な学びの価値を重視しており，現状の評価システムの変革やそれをめぐる社会の価値観の変容も志向していることを確認した。

6.4節の日本教育工学会論文誌（日本教育工学雑誌）の発表論文のレビューでは，コミュニティという概念を利用した教育実践や学習環境の分析研究が，質的・量的な方法で，とくに大学生や社会人を対象に実施されていることを述べた。また，コミュニティの概念を用いて学習環境をデザインする研究には，電子ネットワークを利用した科学技術教育，教師教育で多くみられる。大学に

おける SNS 利用を対象としたものや，インタフェース研究では統制群を設けた実験研究もあった。

実際のところ，個々の成員が同時的に多重に参加しているさまざまなコミュニティの全体像を雑駁にでも捉えて，学習につれて変化する複雑な社会構造に対応し，一つの教育実践を精密に設計していく見通しは立たない。学習の場には，つねに予期できない要因が持ち込まれ，出来事が生まれる。正統的周辺参加論やコミュニティをめぐる議論によって，改めて，私たちは教育実践の一回性を思い知らされる。

しかし，そもそもそれは優れた教師が常に挑んできた課題でもあった。正統的周辺参加論やコミュニティの概念をとおして，優れた実践の中にみられる，個々の児童・生徒・学生，そして教師自身への細やかな配慮と，魅力的な教材と，活きいきとした活動の奥深さを再び感じとるとき，教育工学はまたデザインの探究へと駆り立てられるであろう。

注
(1) たとえば，現代社会学事典の「コミュニティ」の項目では（玉野 2012），この言葉がかつては近代以前の地域共同体を指すものとして，現在では，限定された目的や利害に基づくのとは違った，地域性や共同性をもった人々の包括的なつながりを指す概念とされている。また，それは望ましい地域社会のような規範的な目標として利用される語であることも指摘されている。
(2) 実践コミュニティは「正統的周辺参加論」（Lave & Wenger 1991）の実践共同体と同様の communities of practice の訳であるが，ウェンガー（2002）ではやや意味づけが異なるように思われることもあり，邦訳書に従う意味でもここでは実践コミュニティと書く。具体的には，ウェンガー（2002）では，たとえば公式のビジネスユニットやプロジェクトチーム，関心でつながるコミュニティなどの他の「組織形態」との比較（Wenger et al. 2002：82（邦訳））において，その目的やメンバーの特性，境界などの観点で区別されている。一方で，「正統的周辺参加論」での実践共同体はより広い対象への分析概念としてまだ開かれたままのように思える。
(3) 本章で用いている状況論的学習論とは，正統的周辺参加論のほかにも，状況的行為論や分散認知論などの状況論というくくりで呼ばれた，認知的活動を個人内の情報処理のみに還元したり，特定の状況を超えた一般的な認知過程の存在を無批判に想定したりする心理学のあり方を批判した諸学説における，学習をめぐる議論を指している。これに対し，この状況的学習とは，文字どおり，状況に埋め込まれた学習という現象を意味する言葉である。
(4) 本書34頁以降に具体的な方法が紹介されている。

(5) この意味で『学び合い』(西川 2013：119)で「受験は団体戦です」と生徒たちに語ることが指南されているのは興味深い。

参考文献

縣秀彦・戎崎俊一・五島正光・松本直記・千頭一郎・畠中亮・松浦匡・川井和彦 (2002)「科学教育活動Hands-On Universeの日本での実践とその評価――インターネットを用いた学びの共同体の一例として」『日本教育工学雑誌』26(3)：181-191.

荒木淳子 (2007)「企業で働く個人の「キャリアの確立」を促す学習環境に関する研究――実践共同体への参加に着目して」『日本教育工学会論文誌』31(1)：15-27.

荒木淳子 (2009)「企業で働く個人のキャリアの確立を促す実践共同体のあり方に関する質的研究」『日本教育工学会論文誌』33(2)：131-142.

Allen, T. J. (1977) *Management the Flow of Technology*, MIT PRESS.

Barkley, E. F., Major, C. H., & Cross, K. P. (2014) *Collaborative Learning Techniques* 2nd ed., Jossey-Bass.

Bronfenbrenner, U. (1979) *The ecology of human development: Experiments by nature and design*, Harvard University Press.

Brown, A. L., & Campione, J. C. (1996) "Psychological theory and the design of innovative learning environments: On procedures, principles, and systems," L. Schauble, & R. Glaser (Ed.) *Innovations in Learning New Environments for Education*, Erlbaum Associates.

Brown, A. L., Ash, D., Rutherford, M., Nakagawa, K., Gordon, A., & Campione, J. C. (1993) "Distributed Expertise in the Classroom," G. Salomon (Ed.) *Distributed Cognitions: Psychological and Educational Considerations*, Cambridge University Press.

Brown, J. S., Collins, A., & Duguid, P. (1989) "Situated Cognition and the Culture of Learning," *Educational Researcher*, 18(1)：32-42 (道又爾 (訳) (1991)「状況的認知と学習の文化」『現代思想』19(6)：62-87.)

Collins, A. (2006) "Cognitive Apprenticeship," R. K. Sawyer (Ed.) *The Cambridge Handbook of The Learning Sciences*. (吉田裕典 (訳)「認知的徒弟制」森敏昭・秋田喜代美 (監訳) (2009)『学習科学ハンドブック』培風館.)

Engeström, Y. (1987) *Learning by expanding: An activity-theoretical approach to developmental research*, Orienta-Konsultit. (Y. エンゲストローム (著), 山住勝広・松下佳代・白百草禎二・保坂裕子・手取義宏・高橋登 (訳) (1999)『拡張による学習――活動理論からのアプローチ』新曜社.)

福島真人 (2010)『学習の生態学』東京大学出版会.

伏木田稚子・北村智・山内祐平 (2011)「学部3,4年生を対象としたゼミナールにおける学習者要因・学習環境・学習成果の関係」『日本教育工学会論文誌』35(3)：157-168.

原田勉 (1996)『知識転換の経営学』東洋経済新報社.

平井千秋・藤波努・森本由起子 (2007)「グループ間コミュニケーション支援のためのイントラグループウェアの提案」『情報処理学会論文誌』48(1)：16-29.

稲垣佳世子・波多野誼余夫（1989）『人はいかに学ぶか――日常的認知の世界』中公新書．
Johnson, D. W., Johnson, R. T., & Smith, K. A. (1991) *Active Learning: Cooperation in the College Classroom*, Interaction Book Company．(D. W. ジョンソンほか（著），関田一彦（監訳）(2001)『学生参加型の大学授業――協同学習への実践ガイド』玉川大学出版部．)
香川秀太（2015）「越境的な対話と学びとは何か」青山征彦・香川秀太（編）『越境する対話と学び』新曜社．
加藤浩・鈴木栄幸（2001）「協同学習環境のための社会的デザイン――「アルゴアリーナ」の設計思想と評価」加藤浩・有元典文（編）『状況論的アプローチ2 認知的道具のデザイン』金子書房．
苅宿俊文（1996）「コンピュータが道具になっている教室から」苅宿俊文・佐伯胖・佐藤学・吉見俊哉『コンピュータのある教室――創造的メディアと授業』岩波書店．
河井亨（2012）「学生の学習と成長に対する授業外実践コミュニティへの参加とラーニング・ブリッジングの役割」『日本教育工学会論文誌』35(4)：297-308．
河井亨・溝上慎一（2012）「学習を架橋するラーニング・ブリッジングについての分析――学習アプローチ，将来と日常の接続との関連に着目して」『日本教育工学会論文誌』36(3)：217-226．
岸磨貴子・久保田賢一・盛岡浩（2010）「大学院生の研究プロジェクトへの十全的参加の軌跡」『日本教育工学会論文誌』33(3)：251-262．
北村智・脇本健弘・松河秀哉（2013）「学術共同体ネットワークにおける参加者の中心性変化と役割獲得」『日本教育工学会論文誌』37(Suppl.)：129-132．
Lampert, M. (1990) "When the problem is not the question and the solution is not the answer: Mathematical knowing and teaching," *American Educational Research Journal*, 27(1): 29-63．(M. ランパート（著），秋田喜代美（訳）(1995)「真正の学びを創造する数学が分かることと数学を教えること」佐伯胖・藤田英典・佐藤学（編著）『シリーズ学びと文化1 学びへの誘い』東京大学出版会．)
Lave, J., & Wenger, E. (1991) *Situated Learning: Legitimate Peripheral Participation*, Cambridge University Press．(J. レイヴ・E. ウェンガー（著），佐伯胖（訳）(1993)『状況に埋め込まれた学習――正統的周辺参加』産業図書．)
Levine, J. M., & Moreland, R. L. (1994) "Group Socialization: Theory and Research," *European Review of Social Psychology*, 5(1): 305-336．
美馬のゆり（1997）『不思議缶ネットワークの子どもたち――コンピュータの向こうから科学者が教室にやってきた！』ジャストシステム．
美馬のゆり・山内祐平（2005）『「未来の学び」をデザインする――空間・活動・共同体』東京大学出版会．
望月俊男・加藤浩・八重樫文・永盛祐介・西森年寿・藤田忍（2007）「ProBoPortable――プロジェクト学習における分業状態を可視化する携帯電話ソフトウェアの開発と評価」『日本教育工学会論文誌』31(2)：199-209．
望月俊男・北澤武（2010）「ソーシャルネットワーキングサービスを活用した教育実習実践

コミュニティのデザイン」『日本教育工学会論文誌』33(3)：299-308.
森朋子（2009）「初年次における協調学習のエスノグラフィ」『日本教育工学会論文誌』33(1)：31-40.
中原淳・前迫孝憲・永岡慶三（2002a）「CSCL のシステムデザイン課題に関する一検討——認知科学におけるデザイン実験アプローチに向けて」『日本教育工学雑誌』25(4)：259-267.
中原淳・西森年寿・杉本圭優・堀田龍也・永岡慶三（2000）「教師の学習共同体としての CSCL 環境の開発と質的評価」『日本教育工学雑誌』24(3)：161-171.
中原淳・八重樫文・久松慎一・山内祐平（2004）「iTree——電子掲示板における相互作用の状況を可視化する携帯電話ソフトウェアの開発と評価」『日本教育工学雑誌』27(4)：437-445.
中原淳・山内祐平・須永剛司・今井亜湖・田口真奈・井藤享（2002b）「自律型ロボットの製作を促進する Web 学習コミュニティシステムの開発と評価」『日本教育工学雑誌』26(3)：205-214.
Nochur, K. S., & Allen, T. J. (1992) "Do nominated boundary spanners become effective technological gatekeepers?" *IEEE Transactions on Engineering Management*, 39(3)：265-269.
野寺綾・中村信次・佐藤慎一（2010）「海外研修における学内 SNS のコミュニティ機能の活用が学習動機に及ぼす影響」『日本教育工学会論文誌』34(Suppl.)：57-60.
西川純（編）（2010）『学び合いスタートブック』学陽書房.
西川純（2013）『学び合いジャンプアップ』学陽書房.
Oshima, J., Oshima, R., Murayama, I., Inagaki, S., Takenaka, M., Yamamoto, T., Yamaguchi, E., & Nakayama, H. (2006) "Knowledge-building activity structures in Japanese elementary science pedagogy," *International Journal of Computer-Supported Collaborative Learning*, 1(2)：229-246.
佐伯胖（1995）『「学ぶ」ということの意味』岩波書店.
佐伯胖・藤田英典・佐藤学（編著）（1996）『シリーズ学びと文化6　学び合う共同体』東京大学出版会.
佐藤学（2012）『学校を改革する——学びの共同体の構想と実践』岩波書店.
マリーン・スカーダマリア／カール・ベライター／大島純（2010）「知識創造実践のための「知識構築共同体」学習環境」『日本教育工学会論文誌』33(3)：197-208.
杉江修治（2011）『協同学習入門——基本の理解と 51 の工夫』ナカニシヤ出版.
鈴木真理子・永田智子・中原淳・浦嶋憲明・今井靖・上杉奈生・若林美里・森広浩一郎（2002）「CSCL 環境での共同体参加による教員養成系大学生の協調的な教具制作活動の分析」『日本教育工学雑誌』26(Suppl.)：243-248.
鈴木真理子・永田智子・西森年寿・望月俊男・笠井俊信・中原淳（2010）「授業研究ネットワーク・コミュニティを志向した Web ベース「eLESSER」プログラムの開発と評価」『日本教育工学会論文誌』33(3)：219-227.
高畠克子（2011）『臨床心理学をまなぶ 5　コミュニティ・アプローチ』東京大学出版会.

第2部　協調学習の支援

高尾美沙子・苅宿俊文（2008）「ワークショップスタッフの実践共同体における十全性の獲得のプロセスについて」『日本教育工学会論文誌』32(Suppl.)：133-136.

玉野和志（2012）「コミュニティ」大澤真幸・吉見俊哉・鷲田清一（編）『現代社会学事典』弘文堂.

戸田俊文・益子典文・川上綾子・宮田敏郎（2009）「現職教員のための「改善指向遠隔研修コース」の枠組みと運用条件に関する検討――研修と実践を継続的につなぐ遠隔研修コースの開発に焦点化して」『日本教育工学会論文誌』33(2)：171-183.

Tuckman, B. W. & Jensen M. A. C. (1977) "Stages of small group development revisited," *Group and Organizational Studies*, 2：419-427.

植野真臣・矢野米雄（2005）「科学的実践と協働を実現するeラーニング」『日本教育工学会論文誌』28(3)：151-162.

上野直樹・ソーヤーりえこ（2010）「Web2.0システムの開発事例におけるWeb技術の学習環境のデザインの分析――状況的学習論の適用と拡張」『日本教育工学会論文誌』33(3)：263-275.

Wenger, E. (1998) *Communities of Practice : Learning, Meaning, and Identity*, Cambridge University Press.

Wenger, E., McDermott, R., & Snyder, W. M. (2002) *Cultivating Communities of Practice*, Harvard Business Press.（E. ウェンガーほか（著），野村恭彦（監修），野中郁次郎（解説），櫻井祐子（訳）（2002）『コミュニティ・オブ・プラクティス――ナレッジ社会の新たな知識形態の実践』翔泳社.）

八重樫文・北村智・久松慎一・酒井俊典・望月俊男・山内祐平（2006）「iPlayer――eラーニング用インタラクティブ・ストリーミング・プレイヤーの開発と評価」『日本教育工学会論文誌』29(3)：207-216.

山田政寛（2013）「インフォーマルラーニングにおけるICT利用に関する研究動向」『日本教育工学会論文誌』37(3)：197-207.

山内祐平（2003）「学校と専門家を結ぶ実践共同体のエスノグラフィー」『日本教育工学雑誌』26(4)：299-308.

山内祐平・森玲奈・安斎勇樹（2013）『ワークショップデザイン論――創ることで学ぶ』慶應義塾大学出版会.

吉岡有文（2000）「プロジェクト志向的な科学の授業における教師の述懐と吟味――湧源サイエンスネットワーク〈明正プロジェクト〉を通して」『日本認知科学会「教育環境のデザイン」研究分科会研究報告』7(1)：16-30.

第 7 章

協調学習を支援するテクノロジ

仲林　清・緒方広明・舟生日出男

　近年の情報ネットワークや各種の情報端末などの急速な発達により，これらを活用した協調学習の支援も一般化しつつある。ICT による協調学習支援のあり方を把握するには，いくつかの切り口があり得るが，本章では，協調学習のための技術標準化とプラットフォーム，モバイル技術を活用した協調学習支援，AI（Artificial Intelligence）を活用した協調学習支援，の 3 つの切り口から説明を行う。

　技術標準化は，さまざまなツールやコンテンツを組み合わせて活用するために ICT 分野では不可欠の概念である。協調学習の分野では，さらに一歩踏み込んで，理論や実践によって得られる学習設計などの知見を共有・再利用するための技術標準化という考え方も存在する。このような協調学習における技術標準化の動向とそれに準拠した協調学習プラットフォームを最初に紹介する。

　モバイル技術は，言うまでもなく近年，急速な普及・発達を続けている。タブレットやスマートフォンなどの携帯端末のみならず，各種のウェアラブル端末やセンサーネットワーク技術が進化を続けている。これらの技術を用いると，学習者に単に情報を提示するだけでなく，個々の学習者の置かれている状況や学習行動を把握して協調学習を促進するといったことが可能になる。このようなモバイル技術を活用した協調学習支援の例を次に紹介する。

　AI は古くから存在する技術分野であるが，近年，機械学習技術の発達などにより再び注目を集めている。学習支援の分野でも AI の活用は古くから試みられている。本章では，システムが教師や協調学習の仲間のようにふるまう「強い AI」と，システムが，情報の比較・吟味，対話・議論など協調学習における人間の活動を支援する「弱い AI」に分類して研究事例を紹介する。

第2部 協調学習の支援

7.1 協調学習基盤と標準化

　協調学習にITを活用する試みは古くから行われてきた。従来からのメールや掲示板，近年のSNSなどの汎用ツールや，協調学習に特化したさまざまな機能を有するシステムが開発・活用されてきたが，これらの解説は本書の他の章にゆずることとする。一方，ITを用いた協調学習「基盤」という観点からは，協調学習の支援を行うための機能の提供という狭い意味での教育的ニーズの視点だけでなく，開発されたツールやコンテンツ，さらには，実践によって得られる学習設計や知見を共有・再利用したい，という広い意味での教育的ニーズへの対応が必要となる。また，ITの急速な進歩は教育活用が可能な新たなツールを日々生み出し続けており，協調学習基盤はこれらの新たなシーズとしてのツールを統合的に活用するための拡張性・柔軟性が求められる。本節では，このような観点から，協調学習基盤における標準化の必要性と，その具体例としてのEducational Modeling Language (EML)，Learning Design (LD) 規格，さらに，その実装システム例について説明する。

7.1.1 協調学習基盤における標準化の必要性

　ITの分野においては，インターネットをはじめとして非常に多くの技術標準化が行われている。技術標準化は，利用者にとって価値をもたらす「モジュール」の寿命を延ばしたり再利用したりするために不可欠であるとともに，新たなモジュールの追加や交換によりシステム全体の価値を向上させる (Baldwin & Clark 2000 ; 仲林 2012)。この議論は，学習管理システム (Laerning Management System : LMS) というIT基盤の上で実行されるコンテンツというモジュールを例に考えればわかりやすいであろう。eラーニングの利用者にとって，価値をもたらすのはLMSではなく，その上で実行される学習コンテンツである。したがって，仮にLMSをリプレースしても，学習コンテンツはそのまま再利用できることが望ましい。また，他に優れた学習コンテンツがあれば，それは，いちいち手を加えずに既存のLMS上に簡単に追加して実行できることが望ましい。一方，学習コンテンツを実行した履歴などはLMSに記録する

必要があるので，LMS と学習コンテンツの間でデータをやり取りする必要がある。もし，このデータをやり取りする方法（インタフェース）が標準化されていないと，上で述べたような学習コンテンツの再利用や追加は不可能である。しかし，インタフェースが標準化されていれば，LMS と学習コンテンツの自由な組み合わせが可能となり，利用者にとっての価値を容易に大きく向上させることができる。利用者にとっての価値向上は新しい需要を産み出し，さらに優れたコンテンツが供給される，という好循環をもたらす。実際，インターネットの急速な普及はこのような好循環の事例と考えられる（池田 2005；仲林 2012）。

同様の議論は，協調学習環境にも適用することができる。協調学習環境では，学習コンテンツのほかに，さまざまな共有ツール類が活用される。それらは利用者に協調学習の価値をもたらすモジュールであり，再利用や追加が可能であることが望ましい。さらに，協調学習において重要なことは学習シナリオや教授方略の共有・再利用である。協調学習の成否は，コンテンツやツールにもまして，学習シナリオの優劣にかかっている。優れた学習シナリオを確立するためには教授学習理論に基づく設計と実践現場からのフィードバックの双方が重要な要素となる。すなわち，学習シナリオを協調学習基盤上で共有・再利用するための標準規格を確立し，理論に基づく設計と現場からの経験やノウハウの相互フィードバックを促進することが，協調学習における価値向上につながると考えられる（Dalziel 2008：375-376）。

7.1.2　EML と LD 規格の目的と概要

前項で述べたような協調学習を含むさまざまな学習シナリオを計算機可読な形で表現し，その共有・再利用を促進して品質の向上につなげよう，という発想で開発されたのが EML である（Koper & Tattersall 2005；仲林 2012）。EML 開発はオランダ公開大学で1997年から開始された。オランダ公開大学は，e ラーニングを将来的な大学の中核とし，それによって大学とその教育システムの革新を推進するという判断を行った。そのために，大学の内外で実行されている 100 以上のさまざまな教授学習方略（たとえば Reigeluth 1983, 1999）の調査を行い，これらの方略を抽象化することによって「教授方略メタモデル」と

それに基づく EML を開発した。調査の対象となった教授学習方略には，たとえば，完全習得学習，PBL（Problem-Based Learning），ロールプレイングなどが含まれている。その後，IMS Global Learning Consortium が，EML を標準化したものが LD 規格である（IMS 2003）。上記のように，さまざまな教授学習方略を統一的な方法で記述するために，EML および LD 規格は「特定のグループに属して，特定の役割をもつ人々が，適切な資源とサービスからなる環境を使って学習活動に関与する」という見方を取っている。記述の対象は，学習者に応じて内容が適応的に変化する学習コースから，社会構成主義的な知識構築型の学習コミュニティまで多岐にわたっているが，開発当時 e ラーニングで一般的であった SCORM（ADL 2009）など独習型コンテンツの規格に対比して，協調学習プロセスの記述に重点が置かれている。

　図 7-1 に LD 規格の記述モデルの概要を示す。図 7-1 は LD 規格におけるひとつの学習教授単位（UOL: Unit of Learning）を示している。図 7-1 の上半分は Method，下半分は Components と呼ばれる。Method は教授学習方略がどのように実行されるのかの「ワークフロー」を記述するものである。ワークフローは複数の参加者によって演じられる劇（Play）になぞらえて記述される。つまり，劇が一連の幕（Act）に分解され，そこに複数の役（Role-Part）が含まれている，という記述を行う。幕は一つずつ順番に実行される。幕から幕への遷移はすべての参加者が同時に行う。つまり，幕は複数の参加者の同期を取るために用いることができる。たとえば，学習者同士のディスカッションを一つの幕に，講師による説明を次の幕に対応させることで，すべてのディスカッションが終了してから説明に移る，という制御を行うことができる。同期点を設ける必要が無い場合は，Play 全体を一つの幕として記述してもよい。

　Components は，実際に学習を行うための要素が含まれている。学習活動（Activity）は，たとえば，オンライン・ディスカッションに対応し，その活動における学習者・講師などの役割（Role）が関連付けられる。また学習活動には，その活動で用いる学習環境（Environment）に関連付けられている。学習環境は，各種のマルチメディアデータや Web コンテンツなどの学習オブジェクト（Learning Object），および，電子会議システムや SNS などの学習サービス（Learning Service）を含むことができる。また，学習活動はツリー状の階層構

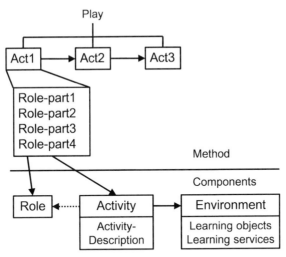

図 7-1 LD 規格の概要（Oliver 2005：29）．

造をもつことができ，ある学習活動を複数の学習活動から構成することができる。階層構造のあるレベルに属する複数の学習活動に対して，それらを順々に実行するか，いずれかを選択して実行するかの指定ができるので，その組み合わせによって多様な学習の流れを記述できる。

LD 規格には以上の構造を記述するためのレベル A の仕様に加えて，学習者の各種属性値に応じて学習活動を学習者に実行させるかさせないかを決定するルールを記述するレベル B，および，属性値の変化によって学習者に通知を送るなどのイベントを発生するルールを記述するレベル C の仕様がある。

7.1.3　LD 規格の実装

LD 規格を実装したツールとしては，オランダ公開大学で開発された CooperCore（Vogten et al. 2005；Martens & Vogten 2005），オーストラリア Macquarie 大学で開発された LAMS（Dalziel 2008），EU の TENCompetence プロジェクトで開発された ReCource（Sharples et al. 2008）などさまざまなものがある（Griffiths et al. 2005；青木 2012：13章）。LAMS については次項で述べることとし，ここでは，CooperCore，および，拡張性を有する学習支援システムとして開発された ELECOA（Extensible Learning Environment with Courseware Object Architecture）（Nakabayashi et al. 2012）による実装について述べる。

　CooperCore は LD 規格の実行時動作の基準となるリファレンス実装エンジンとして開発された。UOL を実行するためには，参加者同士の同期を適切に取りながら，定義された学習活動を参加者に提示していく必要がある。また，LD 規格レベル B で定義されているように学習活動の結果などによって，次に提示する学習活動を適応的に変更する機能や，レベル C のように学習者に通知を送る機能も求められる。このために，CooperCore は，学習者ごとの複数の状態の値を管理し，状態の変化をイベントとして状態遷移機械に入力し，これによって得られる状態に従って次に提示する学習活動を決定する。状態は，たとえば学習オブジェクトの学習状態で，これが，学習中から完了に変化することでイベントが発生する。そして，すべての学習者の学習状態が完了に変化したら，次の幕に移ってグループ・ディスカッションを行う，といった制御を行う。状態には，個々の学習者固有のもののほか，参加者全体に共通のものや，役割に共通のものがある。状態遷移機械の状態遷移ルールは，UOL の記述に従って実行前に決定され，発生するイベントに応じて異なる状態に遷移したり，学習者に通知を送ったりする，といった制御を行う。

　ELECOA は，もともと独習型の学習支援システムとして開発された（仲林・森本 2012）。階層型コンテンツのノードに教材オブジェクトと呼ばれるプログラムモジュールを配置して，学習者の理解度などに応じた適応的な学習制御を行うことを目的としている。教材オブジェクトはあとから自由に追加できるので，様々な学習制御を実現する拡張性をもっている。この教材オブジェクトによる機能拡張性を活かして，LD 規格のような協調学習環境を実現している。図7-2に ELECOA による協調学習環境の実現例を示す（Nakabayashi et al. 2012）。それぞれの学習者には，UOL の記述に沿った学習活動の階層構造が割り当てられる。階層構造の各ノードには教材オブジェクトが配置されており，他の学習者に割り当てられた教材オブジェクトと情報交換を行いながら学習制御を行う。図7-2の例では，それぞれの学習者の学習履歴を参照し，学習者の得手不得手に応じて，割り当てる会議室を選択するといった制御を行うことができる。ELECOA はもともと独習型の学習者適応機能を実現することを目的としており，SCORM などの独習型コンテンツを，協調学習環境に統合して

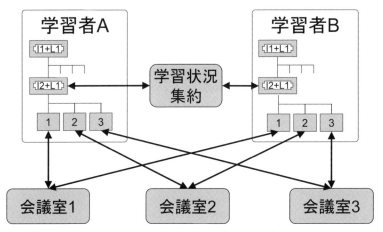

図7-2 ELECOAによる協調学習環境

用いることが可能となる。

7.1.4 LAMS

前項で紹介したLD規格に関連したツールとして、最も広く普及しているのはLAMS（Learning Activity Management System）であろう。LAMSの最も大きな特長は、LAMSというツール自体がオープンソースで提供されているとともに、ツールで記述された学習シナリオをオープンに共有・再利用するコミュニティが形成されている点にある。LAMSの開発を主導しているDalzielは以下のように述べている（Dalziel 2008：376）。

> 教育プロセスの記述をその設計に関するアドバイスと一緒に共有できれば、初心者が熟達者の成果を参考にできるだけでなく、全ての教育者が他の人の成果を集合的に応用・改善することができ、最終的に品質の向上につながるだろう。オープンソースソフトウェアの協調的な開発プロセスはオープンティーチングに応用できないだろうか。世界の教育者の協調的な専門能力を効率と品質の向上のために活用すれば、教育を変革することができるのではないだろうか。近年の技術革新でこれが現実になりつつある。学習デザインの分野では、標準的な方法で学習プロセスを記述する方法を見

第2部　協調学習の支援

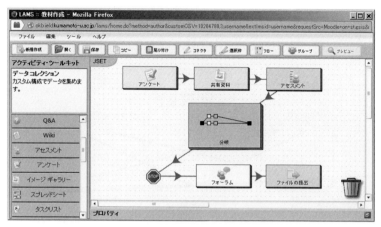

図7-3　LAMSのオーサリング画面

出そうとしている。これにより，学習プロセスの共有，応用，改善が可能となる。

　この言明はまさに，前項で述べたEMLやLD規格の目的を端的に言い表したものになっており，実際にLAMSのコミュニティサイト[1]では，1500以上の学習シナリオ（LAMSの用語ではシーケンス）が公開されている。
　LAMSはLDに完全に準拠したツールではないが，WebベースのわかりやすいオーサリングGUI，および，これと統合化された学習環境とモニタリング環境を有する協調学習プラットフォームである。他のLMSとの連携も図られており，MoodleやSakaiからLAMSを起動できるようになっているほか，MoodleのプラグインをLAMSから利用するような拡張も行われている。各国語への対応も行われており，日本語版も存在する。
　図7-3，図7-4にLAMSのオーサリング画面を示す。左側のアクティビティ・ツールキットというメニューに「アセスメント」「アンケート」「チャット」などのアクティビティ・ツールがある。これらがLD規格の学習活動に相当する。ツールのアイコンを中央の画面に配置して，コネクタで結ぶことで学習シーケンスが作成できる。図7-3の中央にあるアイコンは，分岐を行うアクティビティで，内部に図7-4のように条件によって選択される複数の学

第7章 協調学習を支援するテクノロジ

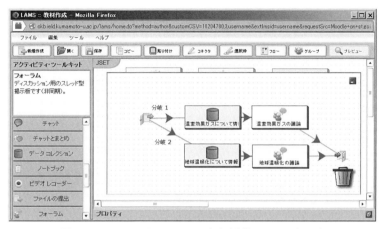

図7-4　LAMSのオーサリング画面（分岐アクティビティ）

図7-5　LAMSの実行画面

習経路を設定することができる。分岐の内部には，さらに分岐を設けることができる。図7-3の左下のアイコンは同期点を表わすアイコンで，グループに分れた学習者がすべて揃うのを待って次の活動に移る，といった制御が可能となっている。このように，LD規格で規定されている協調学習のための基本的な制御を一通り記述することができる。

図7-5にLAMSの実行画面を示す。左側にオーサリング画面で定義した学習シーケンスが表示され，現在実行しているアクティビティがわかる。右側はアクティビティの画面である。この画面は，図7-4の分岐アクティビティの中の議論のアクティビティを実行している様子を示している。

7.1.5 今後の動向

EMLやLD規格，LAMSの最大の目的が，協調学習の学習シナリオや教授方略の共有・再利用の促進にあると述べた。それでは，このような共有・再利用が実際にどの程度活性化されているのであろうか。Dalziel（2008：383）によると，それなりの数の学習シナリオがコミュニティサイトで共有されているものの，それらに対するフィードバックや改良が行われるケースは数が少なく，オープンコミュニティによる協調的な品質の向上が促進されている，とまでは言えない状況にある。これはLAMSのソフトウェア自体の改良がオープンコミュニティによって活発に行われているのと対照的である。この理由として，汎用的な枠組みだけの学習シナリオテンプレートが現場の教育者に好まれず，実際の教育の文脈に即した内容・コンテンツを含むシナリオが好まれていることが理由に挙げられている。一方で，特定の教育文脈に依存したシナリオでは，他の文脈への再利用性は低下してしまう。

このような状況を打開するのはなかなか難しい課題であるが，ひとつの方策として挙げられているのが，Pedagogy Planner（Dalziel 2008：383；青木 2012：220）である。Pedagogy Plannerは，LAMSのオーサリングツールのように学習シナリオを直接設計するのではなく，より上位の学習目標に対してインストラクショナルデザインの理論などに基づいて，教育者に対話的にアドバイスや選択肢を与えて，それによって目標に適した学習シナリオテンプレートを提示したり，生成したりするものである。このようなツールの利点として，教育の初心者でも熟達者の設計した学習シナリオテンプレートを目的に沿って活用できること，および，テンプレートを選択する過程においてPedagogy Plannerから得られるアドバイスによって，教育者自身が自身の教育における課題を内省する機会が得られることが挙げられる。Pedagogy Plannerと同じ発想のアプローチは，日本でも林らによるオントロジーベースの試み（林・笠井 2012）

が行われており，今後の方向性として期待される．

7.2 モバイル協調学習環境

近年のモバイル情報機器や無線ネットワーク，RFID タグなどのユビキタス・モバイル技術の発展により，教室内の教育や学習だけでなく，図書館や博物館，家，屋外などの授業外の多様な学習スペースで行われる教育や学習が支援できるようになった．これによって，学習者はモバイル情報機器を携帯していれば，"いつでも"，"どこでも"，協調学習を始めることが可能となる．これらの研究領域は，どこに焦点をおくかによって，モバイル協調学習環境 (mCSCL)，コンテキストアウェア協調学習環境 (cCSCL)，シームレス協調学習環境 (sCSCL) に分類できる．活発なソーシャルインタラクションや適切な情報を適切な場所で提供するための学習支援システムが提案されている．ここでは，これらの先行研究をいくつか紹介し，とくに mCSCL の事例として，SCROLL システムについて紹介する．

7.2.1 Mobile CSCL

モバイル機器を用いた協調学習支援 (mCSCL) の目的としては，ネットワークや情報端末を"いつでもどこでも"利用することができるという利点を生かして，他者との学習機会を増加させ，協調学習を促進することが挙げられる．その結果，コミュニケーションスキルの向上等，学習者のモチベーションの維持，生徒同士や指導者と生徒のインタラクションやフィードバックを容易にすることが期待される．

たとえば，ズリータら (Zurita & Nussbaum 2004) は，構成主義教育に基づき，mCSCL の学習環境を構築した．彼らの研究では，7歳の子どもたちに，アルファベットや音節を学習するタスクを割り当て，グループ学習の評価実験を行った．その結果，Syllable-CL（モバイル機器無し協調学習）と Syllable-mCSCL（モバイル機器を使った協調学習）を比較すると，Syllable-mCSCL は，多くのソーシャルインタラクションが観測された．一方，Syllable-CL は，モチベーションや興味の不足が重大な問題として観測された．

同様に，ウォンら（Wong et al. 2012）は，正字法に基づいて中国文字の構成要素を組み立てる mCSCL システムを開発した。彼らの評価実験では，シンガポールの小学生らを対象に，それぞれの学生に構成文字の一つの部首を割り当て，割り当てられた部首から一つの文字を構成するゲーム形式のグループ学習を行った。このゲーム形式の mCSCL は，構成文字の部首が多ければ多いほど高い得点を得ることができ，参加した生徒らは積極的にグループ内でディスカッションを行い，複数の構成文字を作成するものである。その構成文字を作成するまでの段階で生徒らは複雑な文字，つまり部首の多い文字を構成する方式，完成された構成文字の部首の位置を変更させて新たな文字を構成する方式，部首を多く含む文字からいくつか取り除き，2つの構成文字を発見する方式などさまざまなパターンが観測された。

他にも，博物館（矢谷ほか 2003）や科学教育（中原ほか 2007），英語学習（島田ほか 2007；Fisher et al. 2012），歴史（山田ほか 2009），環境教育（岡田ほか 2001）などを対象とした研究がある。いずれも，携帯性に優れ，場所を選ばずにコミュニケーションが可能であるというモバイル機器の特徴を生かして，さまざまな協調学習の支援方法が提案されている。このように，mCSCL は，コミュニケーションスキルの向上やモバイル協調学習環境の設計に焦点をおいたものが多い。

7.2.2　コンテキストアウェア CSCL

コンテキストアウェア CSCL（cCSCL）は，いつでもどこでも学習することが可能な環境だけではなく，学習者の周辺の状況（コンテキスト）を推測して，適切な場所で，適切な時に，適切な学習教材を携帯情報端末に提供することを目的とする。学習者の周辺の状況を推測するには，RFID（Radio Frequency Identification）タグ，QR（Quick Response）コード，NFC（Near Field Communication）タグや GPS（Global Positioning System），センサー等の情報を統合することによって可能となる。cCSCL と mCSCL との違いは，mCSCL は，単に，場所や時間に依存しない学習環境を提供するのみであるのに対して，cCSCL は，センサー等の情報を元に，学習者の場所や周囲の状況を判断し，その場，その時に適した学習支援を目的とする点である。

たとえば，藁谷ら（2012）は，外国語を学ぶ学習者を対象に，授業での学習内容に準拠した学習を教室外でも行えるよう，体験連動型外国語学習支援システムを開発した。そのシステムは，教室で学んだ知識と教室外の「真正な」（authentic）状況下における実践知とを関連付けることで，状況に即した学習者中心の自律的な学習を支援する学習環境を構築している。そのシステムの協調学習支援機能として，配信される動画像教材について，学習者が抱いた疑問や感想，他の学習者へのアドバイスなどを，SNS（Social Network Service）をとおして共有する機能を実装している。また，フォーマル学習とインフォーマル学習を統合する点において，彼らの研究はシームレス学習とも関係が深い。

一方，リーら（Li et al. 2012）は，日常生活における言語学習を対象に，GPSを使って単語や用例等を学習した場所を記録・共有し，その情報と，現在の学習者の位置情報等を利用して，適切な場所で適切な時に質問を提示するシステムを開発した。

上記の多くのシステムは，限定された場所でのみ利用可能なシステムであり，今後は，これらの cCSCL の研究背景を踏まえて，さまざまな研究で蓄積されたデータを相互に連結・統合して，世界中のどこに行っても，学習者の位置情報，時間，学習者の興味・関心などに従って，適切に学習を支援するシステムが望まれるであろう。

7.2.3　シームレス CSCL

シームレス協調学習環境（sCSCL）は，文字通り，「縫い目・境界のない」学習環境のことである（Chan et al. 2006）。ウォンら（Wong & Looi 2011）は，モバイル機器を用いた sCSCL によって「つなぎ合わされる」であろう，10 の境界を，以下のように挙げている。

(1) フォーマル学習とインフォーマル学習
(2) 個人学習とソーシャル（集団）学習
(3) 時　　間
(4) 場　　所
(5) 学習教材へのアクセス
(6) 現実世界と仮想世界

(7) PCやモバイル機器などの情報機器
(8) 学習タスク
(9) 知識（ドメイン）
(10) 教授方法や学習活動

　たとえば，sCSCLでは，一人一台のモバイル機器を用いて，教室内でも教室外でも学習を可能とすることで，それら異なる環境での学習内容や活動をシームレスにつなぐことが可能である。また，個人が複数の情報端末をもつ場合，クラウド技術等を用いて，端末間で情報を共有し，どの端末を使っていても，縫い目なく，シームレスに学習が行える環境である。mCSCL，cCSCLと比較して，sCSCLは，教室内の学習と教室外の学習，個人学習とグループ学習などのギャップを，シームレスにスムーズにつなぐことに焦点を当てている点で異なる。

　sCSCLの研究の例として，たとえば，魚崎ら（Uosaki et al. 2012）は，フォーマルとインフォーマル学習における語学学習を支援するために，SMALL (Seamless Mobile-Assisted Language Learning Support System) と呼ばれるシステムを開発した。SMALLは，授業などのフォーマルな学習で学んだ教科書にでてくる単語と，日常生活のインフォーマル学習で学んだ単語を「つなぐ」ことで，学習者らが，その単語を活用することができる状況をたくさん把握することができる。これにより，その単語がどのような日常生活で使用することができるのか，教科書以外の状況で身につけることが可能となる（図7-6）。

7.2.4　モバイル協調学習環境の研究事例

　次に，モバイル協調学習の研究事例として，ラーニングログを用いたモバイル協調学習環境SCROLL（Ogata et al. 2011）を紹介する。SCROLLは，語学学習を対象としており，日常生活の中で学んだ経験をPCブラウザやモバイルデバイスを用いて，ラーニングログとして記録し，他者と共有して，その共有知識をもとに学習を支援するシステムである。SCROLLは，図7-7に示す，LOREモデルと呼ばれる学習プロセスをもとに学習を支援する（Ogata et al. 2011）。

第 7 章　協調学習を支援するテクノロジ

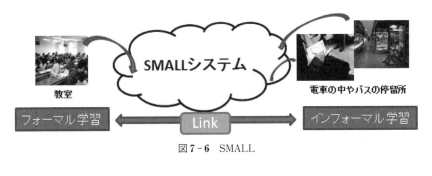

図 7-6　SMALL

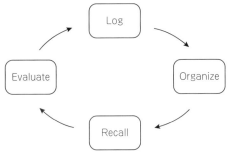

図 7-7　LORE Model

(1) Log：学習者が日常生活で，ある知識を学習したとき，学習者はSCROLL を使用して，写真やビデオ，場所や時間のデータと共に，ラーニングログとして記録する。また，学習者がその知識を知らない場合は，システムをとおして，他者との協調学習によって，知識を獲得して蓄積する。さらに，このラーニングログは他者と共有することができる。

(2) Organize：システムは，蓄積されたラーニングログを，時間，場所，知識の意味的な階層構造などのさまざまな視点から，組織化する。たとえば，新しいラーニングログを追加するとき，SCROLL は他のログと追加したログを比較して，関連するカテゴリを推薦し，類似する場所や時間でのラーニングログを学習者に提供する。

(3) Recall：システムは，学習者に，過去に学習した知識を思い出させたり，新しい知識を獲得させるために，蓄積したラーニングログを用いて

図7-8 ラーニングログを記録するインタフェース

クイズを生成し，提示する。クイズは学習者が記録，または他者が記録したラーニングログの時間や位置情報や，学習者の現在位置などを考慮して提供する。さらに，過去のラーニングログから，タスクを生成・提供し，体験による学習を促進する。

(4) Evaluate：システムは，学習者が，どのような知識を，どのように習得しているかを確認することを支援する。たとえば，学習者がいつ，どこで，どのような知識を学習したかを視覚的に表示することによって，学習者自身が自分で学習プロセスを評価することを支援する。

上記のすべての学習プロセスは SCROLL により支援することができる。Log プロセスでは，学習者らは図7-8に示すインタフェースを用いてモバイル端末またはデスクトップ PC のウェブブラウザから記録できる。

最初に，学習者は日常生活で学習した知識について母国語で入力し，その後，図中の Google 翻訳機能を使って，学習の対象とする言語に翻訳する。次に，

第7章 協調学習を支援するテクノロジ

図7-9 ラーニングログの例

登録する知識の画像を選択して登録する。これらの手順で行うことにより、図7-9に示すラーニングログがシステムに記録される。

このLogプロセスを行うにあたって、学習対象物の名称や使用方法など、学習者が抱いた疑問や問題などを、SCROLL上のメッセージ機能や掲示板の機能を用いて他の学習者や指導者とその問題を解決し、知識を構築していく。これにより、新たな知識に関して他者と協力し、その問題点を解決していく協調学習の支援を実現している。

SCROLLは、システムに登録されたラーニングログを使用して、以下の3つのタイプのクイズを自動的にシステムが生成し、学習者の学習状況に応じて提供する。その方式としては、Encoding Specificity（Tulving & Thomson 1973）、Picture Superiority（Paivo & Csapo 1973）、間隔反復（Spaced Repetition）（Pimsleur 1967）等の理論を背景としている。たとえば、学習者が郵便局にいる場合、システムは、郵便局で記録したラーニングログに基づいてクイズを出題する。クイズは、以下の3つのタイプに分類できる。

(1) Yes/No クイズ：システムはラーニングログを覚えているかどうか確認する。地図上には、学習者がそのログを記録した位置を示し、思い出す手がかりになる。

図 7 - 10　画像選択式クイズ

(2) テキスト複数選択式クイズ：学習者は選択肢のテキストの中から正しい答えを選択する。
(3) 画像選択式クイズ：学習者は，図 7 - 10 に示す 4 つの画像の中から正しい画像を選択する。それぞれの画像は，学習者自身が記録したラーニングログと他の学習者が記録したラーニングログを再利用し，クイズを出題する。

　次に，システムが長時間利用されると，大量のラーニングログが蓄積され，そこからいかに有益な情報を抽出して，学習を支援できるかが問題となる。とくに，協調学習を行う場合は，適した相手と，適した学習場所で，適した時間に協調学習を開始できるかが重要となる。そこで，SCROLL では，学習者の知識，学習場所，学習者の 3 つの要素に注目して，図 7 - 11 に示すような三層構造に分類し，ラーニングログの可視化と分析を行っている（Mouri et al.

第7章　協調学習を支援するテクノロジ

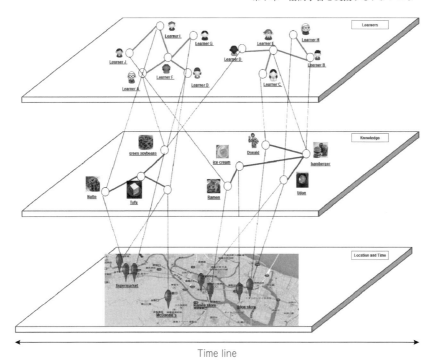

図7-11　時空間上のラーニングログの可視化構造

2014)。これによって，協調学習のきっかけの発見を支援する。

　上位層は，学習者同士の関係やラーニングログとの関係を表示する。学習者同士の関係は，同じ組織に属するなどの関係を表示する。また，どの学習者がどのラーニングログを登録したかをリンクで表示する。これによって，利用者が，他の学習者がどのような知識をシステムに提供したかを理解することができる。これを用いて，学習者は，ある知識について他者に質問したい場合，その相手を探すことができる。

　中間層は，ラーニングログ同士の関係や，あるラーニングログを登録した学習者と場所の関係を表示する。ラーニングログ同士の関係は，WordNetを用いて関係を表す。また，複数のラーニングログと学習者間のネットワーク中心性を算出して，中心となる学習者を導き出すことで，その学習者に聞けば多くのラーニングログに関する知識を得ることができることがわかる。同様に，複

数のラーニングログと場所のリンクを分析することにより，中心となるラーニングログがわかり，このようなログから先に学習すれば，いろいろな場所で利用できることがわかる。

最下層は，ラーニングログが登録された位置情報や時間に関する視覚化である。これにより，ラーニングログが登録された地図上の位置がわかる。

これらの可視化により，学習者自身が学習している知識は，どんな学習場所に応用できるのか，その知識がどの学習時刻に関係しているのか，などのつながりを見つけることができる。協調学習を行うにあたって，学習者自身の知識は，他の学習者にどのようにつながっているかを知ることが重要である。他者と学んだ知識が同じであっても，その知識に関する学習場所や学習時刻，学習者の価値観の違いに気づかせることで，協調学習を促進させる。

7.2.5 ま と め

本節では，モバイル協調学習，コンテキストアウェア協調学習，シームレス協調学習を紹介し，その例として，ラーニングログを用いたユビキタス協調学習環境 SCROLL を紹介した。また，システムを長時間利用することによって蓄積されたラーニングログを，可視化する手法について述べた。これは，近年の教育ビックデータの利活用の研究分野とも関連性が深く，今後も引き続き研究していく必要がある。

7.3 協調学習を支える AI 技術

協調学習において ICT は，その中で用いられる道具にとどまらず，協調学習をより積極的に支えるためにも利用されている。その柱の一つとなるのが AI（Artificial Intelligence）技術である。一般に AI は，人間と同様の知能をもつ「強い AI」と，人間の知的な活動の一部と同じように働く「弱い AI」とに大別できる。

協調学習を支える AI 技術としてはまず，第 5 世代コンピュータや知的 CAI，ITS（Intelligent Tutoring System）などの系譜に連なる「強い AI」がある。これは，教師や協同学習者のような存在としてシステムが知的に振る舞う AI

である。

　もう一方の「弱いAI」では，教師や協同学習者の作業の一部を担い，活動を円滑にしたり促進したりする，といった働きによって支援する形態をとる。たとえば，情報検索，知識表現，自然言語処理，形態素解析，構文解析，テキストマイニング，データマイニング，協調フィルタリングなどが，協調学習における情報の比較・吟味や議論，対話といった活動の支援に応用されている。

　以下，7.3.1 から 7.3.3 では弱い AI に基づく例として，リソースの共有・再利用の支援，議論支援のための可視化，外化内容の比較に基づく知識構築・発想・対話の支援について，7.3.4 と 7.3.5 では，強い AI に基づく例として，エージェントやロボットを用いてディスカッションを支援する例について説明する。

7.3.1　リソースの共有・再利用の支援

　CSILE (Scardamalia et al. 1994) や CoVis プロジェクトの Collaboratory Notebook (Edelson & O'Neil 1994) など，学習コミュニティ内で学習成果物としてのノートを共有したり，ノートどうしをリンクによって関連づけることで，知識について外化された記述を構造化して，知識構築（Knowledge Building）を行うためのシステムが提案されている。しかし，学習活動が進むにつれてノートの量は膨大になり，有用なノートを探し出すことは困難になる。たとえば，自分が学習中の内容に関連するノートが見つかれば，それを再利用し，積み上げる形で学習を進めることができる。反対に，そうしたノートが見つからなければ，ノート間の関連づけは進まず断片的なものとなり，知識構築は進まないだろう。そのため，何らかの支援が望ましい。

　オガタとヤノ（Ogata & Yano 1998）は，分散環境においてノートや知識を共有するための，ドメイン非依存のシステムである Sharlok を開発している。その機能のひとつとして，自身が参照しているものと同じ問題や知識（についての記述）を参照している「誰か」や，それらについて異なる見方をしている「誰か」，もしくは，それらを解決するための助けになりそうな「誰か」についての気づきを与える Knowledge Awareness が実装されている（Ogata & Yano 2000）。Knowledge Awareness はそのままでは膨大な数にのぼるため，却って

ユーザの作業を妨げかねない。そこで，ユーザ個人や協調作業者で共通の興味関心や活動内容に基づいてフィルタリングされ，適切な数に絞られて，ユーザに提供される。

羽山ら（2007）は，復習過程における効果的な学習を促すことを目指し，共有学習知識から有効なものを抽出して提示する，学習知識フィルタリングを用いた協調ノートシステムを開発している。ここで「学習知識」とは，学習対象の教材のさまざまな箇所に対して学習者が付加する注釈であり，「コメント，説明，アドバイス，その他」のいずれかに内容分類される。学習知識は学習者グループ内で共有され，他の学習者の学習知識に対して，「有用，判断付加，無用」の3段階で評価される。その後，評価結果をもとにした学習知識フィルタリングによって，内容分類ごとに有効な学習知識を取り出し，復習に役立てられる。

7.3.2 議論支援のための可視化
① バーバル情報に基づく可視化

議論の参加者の発言の内容や頻度などの情報に基づいて議論を可視化し，参加者の発言を促したり，新たな参加者がそれまでの議論の過程や内容を理解したりすることを支援する研究はいくつも見られる。

たとえば，小谷ら（2004）は，Web チャットにおいて，学習者の「学習者が議論を好意的に方向付ける発言の影響力」を示す「好意的発言影響度」を表示することで議論を活性化するシステムを提案している。好意的発言影響度は，Web チャットにおける「提案，説明，賛成/反対意見，質問，回答」などの発言意図に分類可能な発言について，議論を収束/停滞させる発言，意見を誘発する発言，発言主の学習者の議論における役割（リーダーシップを取る学習者，教師的な学習者，議論参加に消極的な学習者）の観点から算出される。

望月ら（2004，2005）は，議論におけるいくつかの話題と参加者との関係を2次元平面上に可視化するシステムを提案している。議論内容に関するキーワード集合を予め用意し，それぞれに対する参加者の発言数からコレスポンデンス分析を行い，キーワードと学習者名を2次元にプロットする。さらに，望月ら（2005）は，参加者を蜂に，単語を花に見立て，花の周りに蜂が集まるメタファーで議論内容を可視化するとともに，その変化をほぼリアルタイムでプ

第7章 協調学習を支援するテクノロジ

図7-12 円卓場ウインドウの発言参照動作の例
出典：林ほか（2012）図6.

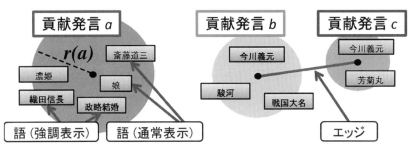

図7-13 貢献発言の可視化例
出典：林ほか（2012）図5.

ロットしたり，過去の状態についても表示できるようにしている。

② ノンバーバル情報に基づく可視化

実世界の協調学習では，発言や相手の表情といった視覚情報を把握し，特定の他者や物に注目している。しかし，このような「注目」は，分散環境では一般に困難である。こうした「注目」を反映した分散環境下の学習空間として，円卓場インタフェース（林ほか 2008）が提案されている。このインタフェースでは，他の議論参加者のカメラ画像が円卓を囲むように配置されており，注目する他の参加者へ視線を向けたとき，その視線・視野が自動的に変更される。

対話に基づく協調学習がより豊かなものになるためには，学習者どうしの発言の関連が重要である。そのためには他の学習者を意識して発言できるとともに，自分の発言が他の学習者に意識されることが必要であろう。関連のある発言を促すために，林ら（2012）は，円卓場インタフェースを利用し，ノートに記録することを前提とした議論において，貢献への気づきを反映した議論支援

インタフェースを提案している。貢献については，「即時的な貢献」と「包括的な貢献」の2つが定義されている。即時的な貢献は，「他者に即時的に貢献している」という実感を表し，その時点でなされている話題に関する発言を動機づける。発言が参照された参加者の位置から参照した参加者に向けて光球を移動させることで，誰が誰の発言を参照したのかが直感的に示される（図7-12）。包括的な貢献は，個々の参加者が議論全体に対する影響についての実感を表し，議論全体における参加者や話題を意識した発言を誘発する。貢献発言は，参加者ごとに割り当てられた色の円で表現される（図7-13）。関連するキーワードが含まれるほど貢献度は高く，より大きな円で表現される。たとえば日本史の場合，「織田信長」「政略結婚」「濃姫」「娘」「斎藤道三」の5つを含む発言の方が，「今川義元」「芳菊丸」の2つしか含まない発言よりも貢献度が高い。同じ話題に関するノードはエッジによって結ばれ，関連が示される。

7.3.3 外化内容の比較に基づく知識構築・発想・対話の支援

外化内容の比較には，ノード（ラベル）と，リンク，リンキングワードから構成されるコンセプトマップ（概念マップ，Novak & Gowin 1984）が用いられることが多い。思考の内容をコンセプトマップとして外化し，その異同を比較し，吟味することをとおして，対話が支援されたり活性化されたりする。ここではその例として，「Kit-Build 方式」と，「あんどう君」を紹介する。

① 概念マップの重畳と差分の比較に基づく Kit-Build 方式

Kit-Build 方式（水田ほか 2013；Hirashima et al. 2015）では，学習者は，教授者から提供される共通のノードとリンクの集合（キット）を使って，概念マップを作成する。教授者は，教材をもとに構成したゴールマップからキットを抽出して，学習者に提供する（図7-14）。学習者は，提供されたキットを組み立てることで，各自の理解を表現する学習者マップを作成する。

ゴールマップと全学習者の学習者マップを重畳することで，皆が理解できている箇所や，誤解が多い箇所が明らかになったり，具体的に誰が理解しているのか，誤解しているのかについて明確に把握できる。これらの情報に着目することによって，協調学習における対話が促進されるのである。

第7章 協調学習を支援するテクノロジ

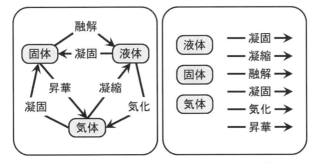

図7-14 ゴールマップ（左）とキット（右）の例
出典：水田ほか（2013）より筆者作成．

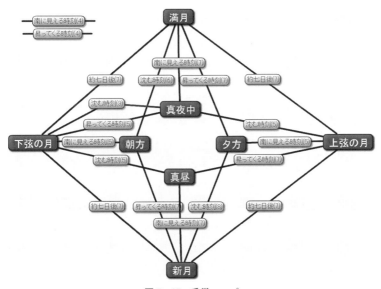

図7-15 重畳マップ

　図7-15では，たとえば，中央上，「満月」ノードの下にあるリンク「南に見える時刻（7）」は，7枚の学習者マップに同様に現れている（7人の学習者が同様につなげている）ことを，左上の孤立しているリンク「昇ってくる時刻（4）」は，4枚の学習者マップで利用されていない（つなげられていない）ことを示している。これらのリンクを選択し，該当する学習者の名前を表示す

193

第 2 部　協調学習の支援

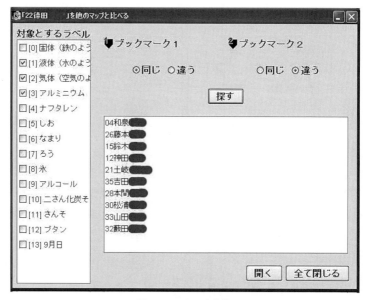

図 7 - 16　さがす機能

ることも可能である。これらのリンクはすべてを一度に表示するだけでなく，不正解のリンクのみを表示するといった操作も可能である。

　さらに，タブレット端末上で Kit-Build 方式を活用することで，重畳の結果から，同じように考えている学習者どうしが寄り合って理解をさらに深めたり，その反対に，考え方の異なる学習者どうしが集まって，なぜ異なるのかについて議論するなど，協調学習が支援される。

② リフレクションの支援を目的とした「あんどう君」

　コンセプトマップ作成のためのシステムである「あんどう君」(Deguchi et al. 2008) では，作成過程がすべて記録され，特徴的な時点にブックマークを付加しておくことで，その時点のコンセプトマップを即座に表示できる。

　「あんどう君」ではさらに，Kit-Build 方式のように，共通のノードとリンクを利用し，コンセプトマップをクラス全体で共有することによって，「さがす機能」と「くらべる機能」を用いた，他者との思考過程の比較が可能となる。まず「さがす機能」で，1 つ目，2 つ目のブックマークそれぞれについて「同

第7章 協調学習を支援するテクノロジ

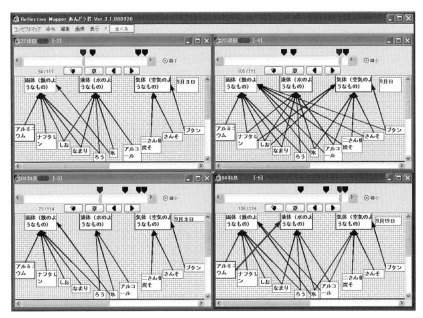

図7-17 くらべる機能

じ」「違う」のどちらかを指定するとともに，比較対象となるラベルを選択する（図7-16）。

　図7-16の例では，自身のコンセプトマップが「22徳田…」であり，1つ目のブックマークに「同じ」，2つ目に「違う」を指定し，「液体」「気体」「アルミニウム」の3つのラベルを選択して検索した結果，コンセプトマップ「04和泉…」から「32藪田…」の10件がヒットしている。このうち，「04和泉…」を選択し，「くらべる機能」によって表示した結果が，図7-17である。

　4枚のコンセプトマップの内，上段が「22徳田…」，下段が「04和泉…」であり，左側が1つ目の，右側が2つ目のブックマークの時点の状態を示している。この4枚のマップを見比べると，選択した3つのラベルについて，1つ目の時点では同様のリンクの張り方であり，どちらも「液体」「気体」「アルミニウム」の間にリンクは見られなかった。しかし，2つ目の時点では，「04和泉…」で「アルミニウム」から「液体」にリンクが張られており，違いがあることがわかる。このように「さがす機能」と「くらべる機能」を活用することで，

195

自分たちの考えの異同を比較・吟味することが支援され，対話が促進される。

「さがす機能」には，ベクトル空間モデルとコサイン尺度（北ほか 2002：60-61）が用いられている。リンク元ラベルを行，リンク先ラベルを列とし，各要素についてリンクの有無を 1，0 として，各ブックマーク時点のコンセプトマップを多次元ベクトルとして表現する。このベクトルをもとに，コサイン尺度によって，類似度の高いコンセプトマップを検索するのである。

7.3.4 オンラインディスカッションを支援するエージェント

「強い AI」技術の一つに，自律的に相互作用しながら知的に動作する「（ソフトウェア）エージェント」がある。

協調学習の支援においては，オンラインディスカッションにおいて，エージェントを，たとえば司会者やコーディネータなど，参加者の一人として参加させる試みがある。角ら（1996）は，グループ・ディスカッションにおいて，チャット上なされた発言の関連を 2 次元平面上にプロットして可視化するとともに，自律的に発言するソフトウェアエージェントを参加者の一人として加え，参加者の発散的な思考を支援している。

岡本ら（1996）は，"提案""賛成" などの発言に関する情報およびその系列，各学習者の発言回数のような形態的側面に着目して設計されたプロダクションシステムが議論の流れをトレースし，参加者に助言を提示することで活動を支援している。

キング（King 2002）による「Joe Bag O'Donuts」は，オンラインクラスでのディスカッションを支援している。Joe は，ディスカッションボードに最初のメッセージを投稿し，目的が何であるのか，講師が何を重視しているのかを示すことで，アイスブレークの役割を果たす。

ハヤシ（Hayashi 2012）は，感情ベースの会話エージェントがどのように，学習者のより良い説明を引き出すかを検討している。エージェントが，顔画像や音声を用いて，「それはいい」「そのまま，続けて」「う〜ん」などのフィードバックや，メタ認知的な提案を行うことで，説明課題のパフォーマンスが上がることを示している。

7.3.5 協調学習支援における AI 技術の今後の可能性

今後，コンピュータが発展し，十分な性能が得られるようになれば，さらに「強い AI」に基づくロボットが導入されるかもしれない。ソフトウェアエージェントは主に，オンライン上で入力されたバーバル情報に基づいて動作する。しかし，ロボットは，音声や表情，身体動作などに基づいて判断したり，表現したりすることを目指すものである。そうしたロボットは未だ実現されていないものの，表面上はロボットが自律的に動いているように見せ，その裏で人間が操作して，ロボットの効果を検討する研究がなされている。

大島・大島（2013）は，教職必修科目における文献の協調読解場面に，遠隔操作ロボットを学習パートナーとして導入し，ロボットという社会的存在感のあるエージェントによって社会共有的調整学習のメタ認知的支援を提供することで，協調学習場面での自己調整を含む学習者の認知活動，対話の質，内容理解を向上させることができるかを検討している。

シロウズとミヤケ（Shirouzu & Miyake 2013）は，物理の課題を解決するための小規模な議論グループの一員として，遠隔操作ロボットを参加させている。このロボットは，学習者に発話を求め，その中に含まれるキーワードから最小限で発話し直すとともに，他の条件の科学モデルに向けて学習者らをガイドする。

これらの研究でのロボットは自律的ではなく，人間の遠隔操作によって動作する。しかし，それほど遠くない将来，十分にメタ認知的支援が可能なロボットが開発されるかもしれない。そのような時代には，協調学習におけるさまざまな活動が，「強い AI」によって支援されることになるだろう。

注

(1) http://www.lamscommunity.org/

参考文献

ADL (2009) *Sharable Content Object Reference Model (SCORM)® 2004 4th Edition*, Advanced Distributed Learning Initiative.

青木久美子（編著）（2012）『e ラーニングの理論と実践』放送大学教育振興会．

Baldwin, C. Y., & Clark, K. B. (2000) *Design Rules, Vol. 1 : The Power of Modularity*, The MIT Press.

Chan, T. W., Roschelle, J., Hsi, S., Kinshuk, et al. (2006) "One-to-one technology-enhanced learning: An opportunity for global research collaboration," *Research and Practice in Technology Enhanced Learning Journal*, 1(1): 3-26.

Dalziel, J. (2008) "Learning Design: Sharing Pedagogical Know-How", T. Iiyoshi & M.S.V. Kumar (Eds.), *Opening Up Education: The Collective Advancement of Education through Open Technology, Open Content, and Open Knowledge*, The MIT Press.

Deguchi, A., Funaoi, H., Yamaguchi, E., & Inagaki, S. (2008) "Development and Evaluation of Concept Mapping Software for Supporting Reflection through Comparing with Other Learners' Thinking Process," *Proceedings of World Conference on Educational Multimedia, Hypermedia & Telecommunications 2008*, 4673-4678.

Edelson, D. C. & O'Neil, D. K. (1994) "Collaboratory Notebook, Supporting Collaborative Scientific inquiry," *Proc. 1994 National Education Computing Conference (NECC'94)*, 146-152.

Fisher, T., Sharples, M., Pemberton, R., Ogata, H., Uosaki, N., Edmonds, P., Hull, A., Tschorn, P. (2012) "Incidental second language vocabulary learning from reading novels: A comparison of three mobile modes," *International Journal of Mobile and Blended Learning*, 4(4): 47-61.

Griffiths, D., Blat, J., Garcia, R., Vogten, H., & Kwong, K. L. (2005) "Learning Design Tools," Koper, R. & Tattersall, C. (Eds.) *Learning Design*, Springer.

羽山徹彩・楊向東・國藤進(2007)「学習知識フィルタリングを用いた協調ノートシステム」『情報処理学会論文誌』48(8):2814-2822.

林佑樹・小尻智子・渡邉豊英(2008)「協調学習活動のための注目インタフェース」『信学技報』ET2008-12:39-44.

林佑樹・小尻智子・渡邉豊英(2012)「貢献への気づきを反映した議論支援インタフェース」『情報処理学会論文誌』53(4):1464-1471.

Hayashi, Y. (2012) "On pedagogical effects of learner-support agents in collaborative interaction," Cerri, S. A. & Clancey, B. (Eds.) *Proceedings of the 11th International Conference on Intelligent Tutoring Systems (ITS2012), Lecture Notes in Computer Science*, 7315: 22-32.

林雄介・笠井俊信(2012)「学習・教授知識の組織化とシステム開発」矢野米雄・平嶋宗(編著)『教育工学とシステム開発』ミネルヴァ書房.

Hirashima, T., Yamasaki, K., Fukuda, H., & Funaoi, H. (2015) "Framework of kit-build concept map for automatic diagnosis and its preliminary use," *Research and Practice in Technology Enhanced Learning*, 10: 17, DOI 10.1186/s41039-015-0018-9.

池田信夫(2005)『情報技術と組織のアーキテクチャ モジュール化の経済学』NTT出版.

IMS (2003) *IMS Learning Design Version 1.0 Final Specification*, IMS Global Learning Consortium, Inc.

King, F. B. (2002) "A virtual student: Not an ordinary Joe," *Internet and Higher Education, 5: 157-166.

北研二・津田和彦・獅々堀正幹（2002）『情報検索アルゴリズム』共立出版.

Koper, R. & Tattersall, C. (Eds.) (2005) *Learning Design*, Springer.

小谷哲郎・関一也・松居辰則・岡本敏雄（2004）「好意的発言影響度を取り入れた議論支援システムの開発」『人工知能学会論文誌』19(2): 95-104.

Li, M., Ogata, H., Hou, B., Uosaki, N., & Yano, Y. (2012) "Personalization in Context-aware Ubiquitous Learning-Log System," *2012 IEEE Seventh International Conference on Wireless, Mobile and Ubiquitous Technology in Education*, 41-48.

Martens, H., & Vogten, H. (2005) "A Reference Implementation of a Learning Design Engine", Koper, R., & Tattersall, C. (Eds.) *Learning Design*, Springer.

水田曜平・平嶋宗・舟生日出男（2013）「概念マップの作成を促進するヒントの自動生成とその実験的検証」『教育システム情報学会誌』30(1): 32-41.

望月俊男・藤谷哲・一色裕里・中原淳・山内祐平・久松慎一・加藤浩（2004）「電子会議室の発言内容分析による協調学習の評価方法の提案」『日本教育工学会論文誌』28(1): 15-27.

望月俊男・久松慎一・八重樫文・永田智子・藤谷哲・中原淳・西森年寿・鈴木真理子・加藤浩（2005）「電子会議室における議論内容とプロセスを可視化するソフトウェアの開発と評価」『日本教育工学会論文誌』29(1): 23-33.

Mouri, K., Ogata, H., Uosaki, N., & Liu, S. (2014) "Visualization for Analyzing Ubiquitous Learning Logs," *Proceedings of the 22nd International Conference on Computers in Education (ICCE 2014)*, 461-470.

仲林清（2012）「技術標準化とシステム開発」矢野米雄・平嶋宗（編著）『教育工学とシステム開発』ミネルヴァ書房.

仲林清・森本容介（2012）「拡張性を有する適応型自己学習支援システムのためのオブジェクト指向アーキテクチャの設計と実装」『教育システム情報学会誌』29(2): 97-109.

Nakabayashi, K., Morimoto, Y., & Aoki, K. (2012) "Application of Extensible Learning Support System Architecture to Collaborative Learning Environments," *Proc. of the 12th IEEE Intentional Conference on Advanced Learning Technology*, 69-73.

中原淳・山口悦司・西森年寿・望月俊男・中野真依・古田豊・関根聖二・大房潤一・滝川洋二・山内祐平（2007）「おやこ de サイエンス――携帯電話を活用した「実験をベースにした科学教育プログラム」の開発」『教育システム情報学会誌』24(3): 155-156.

Novak, J. D. & Gowin, D. B. (1984) *Learning How to Learn*, Cambridge University Press. (J. D. ノヴァック・D. B. ゴーウィン（著），福岡敏行・弓野憲一（監訳）(1992)『子どもが学ぶ新しい学習法――概念地図によるメタ学習』東洋館出版社.)

Ogata, H. & Yano, Y. (1998) "Knowledge Awareness: Bridging Learners in a Coolaborative Learning Environment," *International Journal of Educational Telecommunications*, 4(2/3): 219-236.

Ogata, H. & Yano, Y. (2000) "Combining Knowledge Awareness and Information Filtering in an Open-ended Collaborative Learning Environment," *International Journal of Artificial Intelligence in Education（*IJAIED*），11：33-46.

Ogata, H., Li, M., Bin, H., Uosaki, N., El-Bishoutly, M., & Yano, Y. (2011) "SCROLL : Supporting to share and reuse ubiquitous learning logs in the context of language learning," *Research and Practice on Technology Enhanced Learning*, 6 (3) : 69-82.

岡田昌也・吉村哲彦・垂水浩幸・守屋和幸・酒井徹朗（2001）「DigitalEE——分散仮想空間による協調型環境教育支援システム」『電子情報通信学会論文誌』J84-D-I(6)：936-946.

岡本敏雄・稲葉晶子・栁場泰孝（1996）「分散環境におけるグループ学習支援のための汎用フレームワークの研究」『日本教育工学雑誌』20(2)：109-122.

Oliver, B., & Tattersall, C. (2005) "The Learning Design Specification," R. Koper, & Tattersall, C. (Eds.) *Learning Design*, Springer.

大島律子・大島純（2013）「ロボット・エージェントによる協調文献読解支援」『日本教育工学会第29回全国大会講演論文集』15-18.

Paivo, A., & Csapo, K. (1973) "Picture superiority in free recall : Imagery or dual coding ?" *Cognitive Psychology*, 5(2) : 176-206.

Pimsleur, P. (1967) "A Memory Schedule," *The Modern Language Journal*, 51(2) : 73-75.

Reigeluth, C. M. (Ed.) (1983) *Instructional Design Theories and Models : An Overview of Their Current Status*, Erlbaum.

Reigeluth, C. M. (Ed.) (1999) *Instructional-design Theories and Models Volume II : A New Paradigm of Instructional Theory*, Erlbaum.

Scardamalia, M., Bereiter, C., & Lamon, M. (1994) "The CSILE Project-Trying to bring the classroom into the world 3," *Classroom Lessons : Integrating Cognitive Theory and Classroom Practice*, The MIT Press.

Sharples, P., Griffiths, D., & Scott, W. (2008) "Using Widgets to Provide Portable Services for IMS Learning Design," *Proceedings of 5th International TENCompetence Open Workshop*, 57-60.

島田徳子・山田政寛・北村智・三宅正樹・舘野泰一・山口悦子・リチャード・ハリソン・秋山大志・中野真依・大房潤一・長岡健・山内祐平・中原淳（2007）「社会人向けモバイル英語リスニング学習教材の開発と試行」『教育システム情報学会論文誌』24(4)：265-276.

Shirouzu, H., & Miyake, N. (2013) "Effects of Robots' Revoicing on Preparation for Future Learning," *Computer Supported Collaborative Learning, CSCL 2013 Conference Proceedings*, I : 438-445.

角康之・西本一志・間瀬健二（1996）「グループディスカッションにおける話題空間の可視化と発言エージェント」『情報処理学会研究報告　情報学基礎 (FI)』43：103-108.

Tulving, E., & Thomson, D. M. (1973) "Encoding specificity and retrieval processes in episodic memory," *Psychological review*, 80(5) : 352-373.

Uosaki, N., Ogata, H., Li, M., & Hou, B. (2012) "Towards seamless vocabulary learning : How we can entwine in-class and outside-of-class learning," *International Journal of*

Mobile and Learning Organization, 6(2) : 138-155.
Vogten, H., Koper, R., Martens, H. & Tattersall, C. (2005) "An Architecture for Learning Design Engine," Koper, R., & Tattersall, C. (Eds.) (2005) *Learning Design*, Springer.
藁谷郁美・太田達也・マルコラインデル・倉林修一 (2012)「インフォーマル・ラーニングを支援する体験連動型外国語学習環境の構築」『日本教育工学会論文誌』36(2) : 91-101.
Wong, L. H., & Looi, C. K. (2011) "What seams do we remove in mobile assisted seamless learning? A critical review of the literature," *Computers in Education*, 57(4) : 15-26.
Wong, L. H., Hsu, C. K., Sun, J., & Boticki, I. (2012) "How Flexible Grouping Affects the Collaborative Patterns in a Mobile-Assisted Chinese Character Learning Game?" *Educational Technology and Society*, 16 : 174-187.
山田敬太郎・垂水浩幸・大黒孝文・楠房子・稲垣成哲・竹中真希子・林敏浩・矢野雅彦 (2009)「ケータイムトラベラー――過去世界の訪問を実現する携帯電話による歴史学習システム」『情報処理学会論文誌』50(1) : 372-382.
矢谷浩司・大沼真弓・杉本雅則・楠房子 (2003)「Musex――博物館における PDA を用いた協調学習支援システム」『電子情報通信学会論文誌』J86-D-I(10) : 773-782.
Zurita, G., & Nussbaum, M. (2004) "A constructivist mobile learning environment supported by a wireless handheld network," *Journal of Computer Assisted Learning*, 20 : 235-243.

人名索引

ア行
アロンソン, E. 28
稲垣成哲 9
イームレン, V. 113
ヴィゴツキー, L. S. 8, 116
ウェンガー, E. 8, 142, 145
エンゲストローム, Y. 146
大島純 9, 153

カ行
加藤浩 149
ガーフィンケル, H. 86
キルパトリック, W. H. 18
グッディン, C. 86
グリーノ, J. G. 8
グルーテンドルスト, R. 113
クレイチャック, J. S. 18
ケンドン, A. 88
コシュマン, T. 7
コリンズ, A. M. 8, 151

サ行
佐伯胖 154
佐藤学 154
シュタール, G. 5, 9
ジョンソン, D. W. 153
スカダーマリア, M. 153

タ行
鈴木栄幸 149

タ行
ディレンボーグ, P. 4
デューイ, J. 17
トゥールミン, S. 113

ナ・ハ行
西川純 155
ハッチンス, E. 69
ピアジェ, J. 8
ピー, R. 10
ブラウン, A. L. 28, 152
ブラウン, J. S. 8, 142
ベライター, C. 153
ペリグリーノ, J. W. 46

マ行
美馬のゆり 149
三宅なほみ 28

ヤ・ラ・ワ行
山内祐平 149
ランパート, M. 152
レイヴ, J. 142
ロシェル, J. 5, 65
ワーチ, J. V. 65

事項索引

A-Z
AI 188
CAI（Computer Assisted Instruction） 7
CASSIS 124, 125
Collaborative Learning 5
Cooperative Learning 5
CooperCore 174
CSCL（Computer Supported Collaborative Learning） 3, 49
CSCW（Computer Support for Cooperative Work） 5
CSILE（Computer Supported Intentional Learning Environments） 9
Daiziel 175
Digalo 122, 123, 124
ELECOA 174
EML（Educational Modeling Language） 171
ENFI（Electronic Networks for Instruction） 9
Explanation Constructor 134, 135
FCL（Fosterling Communities of Learners） 34, 152
FCL プロジェクト 34
Fifth Dimention 9
FirstClass 10
F陣形（F-formation） 88, 91
i-Bee 10, 132, 133
International Journal of Computer-Supported Collaborative Learning 9
Joe Bag O'Donuts 196
KBDex 68
Kit-Build 方式 192
Knowledge Awareness 189
Knowledge Building Discourse Explorer → KBDeX
Knowledge Forum 9, 123, 124
LAMS（Learning Activity Management system） 175
LD（Learning Design）規格 172

Learnig by Design 22
LeTUS プロジェクト 19
Mobile CSCL 179
PBL チュートリアル 22
Pedagogy planner 178
Productive Multivocality 76
rTable 10, 49, 126
SCROLL 182
Sharlok 189
spilit-class design 51
Teacher Episode Tank 10
WISE Seeded Discussions 127, 128, 129
XingBoard → クロッシングボード

ア行
アクション・リサーチ 56
アクティブラーニング 102, 104
アルゴアリーナ 10
アルゴブロック 10, 62, 91
あんどう君 192, 194
一般化 56
一般化可能性 56
インストラクショナルデザイン 178
インタビュー 53, 54, 58, 61
インタラクティブ・テーブルトップ 95
インフォーマルインタビュー 54, 74
エージェント 196
エスノメソドロジー 68, 72, 74, 86
越境 148
エデュコーズ（EDUCAUSE） 106

カ行
回顧インタビュー 54
階層線型モデル 76
階層的データ分析 76
会話 58
会話分析 68, 86
学習科学 17, 113, 136
学習科学研究教育センター（静岡大学） 40

学習観　46, 57
学習環境デザイン　17
学習教授単位（UOL：Unit of Learning）　172
学習空間　100
学習効果　61
学習するために議論する　114
学習内容の理解　114
学習プロセス　52, 66
可視化　120, 121
型　37
活動システム　146
活用可能性　37
可搬性　37
間主観性（intersubjectivity）　65
間接的な学習効果　60, 61
キーコンピテンシー　2
技術標準化　170
九州工業大学　105
教育工学　113, 136
教材オブジェクト　174
教授実験　59
協調学習　5, 112, 113, 118, 134, 135
協調学習環境　171
協調学習基盤　170
協調学習支援システム　→CSCL
協調学習のプロセス　53
協調的議論　112, 113, 114, 115, 116, 117, 119, 120, 121, 122, 132, 134, 136
協調的議論の支援　119
協調プロセス　57, 58, 71
協働学習　6
協同学習　5
議論　112, 114, 116, 117, 118, 119, 120, 121, 122, 123, 124, 126, 127, 130, 132, 133
議論することを学習する　114, 116
議論の構成要素　118, 119, 120, 122, 123
議論の支援　112, 135, 136
議論のスクリプト　120, 124
議論の進め方やプロセス　120, 124, 126, 127
議論の内容に関する各種の知識　121
議論の内容に関する知識　121, 134
駆動質問　18

グラウンデッド・セオリー　59
グループ学習　6
クロストーク　34
クロッシングボード　98
形成的評価　46
建設的相互作用　36
こあっと　10
好意的発言影響度　190
攻撃的議論　112
構成主義（constructiovism）　8
行動主義的な学習理論　7
公立はこだて未来大学　103
国際学習科学会　9
コーディング　64
個別的な議論能力　117, 118
駒場アクティブラーニングスタジオ（Komaba Active Learning Studio：KALS）　104
コミュニティ（共同体）　3, 4, 139
コミュニティ心理学　141
コンテキストウェア CSCL　180

サ行
サービス・ラーニング　20
作業領域（transactional segment）　88, 91, 97
参与観察　54, 55, 74
シームレス CSCL　181
ジェスチャー　64, 65, 68
支援の原則　113, 119, 121
ジグソー学習法　27, 29
ジグソー法　49
思考プロセス　59
視線　86
持続可能性　37
実験　52
実践共同体　143
実践コミュニティ　145
質的研究　53
質問紙調査　51, 52
シナリオ　23
自分と他者の意見の違いを可視化する　121, 127, 132
社会化　140

社会構成主義　74
社会的相互作用　4
社会的分散認知システム　69
社会ネットワーク分析（social network analysis）　66
社会文化的学習理論　72
修正版グラウンデッド・セオリー・アプローチ　75
従属変数　50, 51
集団社会化モデル　140
集団発達モデル　144
集団力学　140
周辺的アウェアネス　92
準実験　50, 52
状況論的学習論　4, 8, 141
人工物　19
身体の配置　88
心理学的実験法　47
水平的学習　148
スクリプト　120, 124, 126
スケールアップ　102
図式的に可視化　120, 122
スタディノート　10
スタンフォード大学　105
成員カテゴリー分析　72
正統的周辺参加　72
正統的周辺参加論　72, 142
総括的評価　46
相互教授法　27, 31
相互行為　84
相互行為分析　53
相互行為リソース　86, 89, 90
相互作用　4
相互反映　85
創発的コラボレーション　49
創発的分業　71

タ行

大学発教育支援コンソーシアム推進機構　38
対話の分析　64
タブレット端末　97
タンジブルインタフェース　91
タンジブル地球儀　93
チーム基盤型学習　26
知識観　46
知識構成型ジグソー法　28, 36
知識構成プロセス　41
知識構築　118, 123, 124, 136, 190
知識構築共同体　153
知識創造活動　35
知的 CAI（Intellgent Tutoring System）　7
中程度の汎用性をもった議論に関する知識　117, 118, 121
チュータ　17
チュートリアル型 CAI　8
直接的に学習が生じる協調プロセス　64
強い AI　188, 196
テクノロジ　113, 119, 120, 121, 122, 136
デザイン研究　55
デザイン原則　10, 56
デザイン指針　113, 119, 120, 122, 124, 126, 127, 130, 132, 136
デジタル運勢ラインシステム　130, 132
テスト　61, 64
動機づけ　113, 114, 135
統制　60
独立性　75
トライアンギュレーション　76
トランスクリプト　68
ドリル型 CAI　8

ナ行

内化　65
21世紀型スキル　2, 135
人間発達の生態学的システム理論　141
認知的構成主義学習理論　7
認知的徒弟制　151
認知のプロセス　53
認知のメカニズム　53
ネットワーク分析　68, 160
ノースカロライナ州立大学　102

ハ行

パターン　61, 64

発言内容分析　53, 61
発話思考法（Think-Aloud）　53
発話プロトコル　66, 68
話し合い学習法　26
半構造化インタビュー　59
汎用的な議論能力　115, 116, 118
評価観　46
評価の三角形　47
標本の独立性　76
フィールドノート　53, 54
プレテスト　64
プロジェクト型学習　18
プロジェクトメソッド　18
プロトコル　53
プロトコル分析　53, 61, 64, 74
文化的実践　3, 4
分析カテゴリー　62
ポストテスト　63
本物らしさ　19

マ行
マイクロジェネティック法　68
マイクロスクリプト　120
マクロスクリプト　120
マサチューセッツ工科大学　103
学び合い　155
学びの共同体　154

学びのドーナッツ論　154
マルチ・モーダル　68
マルチレベル共分散構造分析　76
マルチレベル分析　76
メカニズム　52
メタ認知　31
モバイル機器を用いた協調学習支援
　（mCSCL）　179
問題基盤型学習　22

ヤ行
湧源サイエンスネットワーク　155
指さし　87
弱い AI　188

ラ行
ラーニングコモンズ　101
ラーニングログ　182
理解度テスト　61
リソース　69
リソースの共有・再利用　189
ルーブリック　58
ロバスト標準誤差を用いた回帰分析　76

ワ行
分かちもたれた専門性　152
ワークシート　61, 64, 66

執筆者紹介

加藤　浩（かとう・ひろし，編著者，放送大学）　第1章

望月俊男（もちづき・としお，編著者，専修大学ネットワーク情報学部）　第1章・第3章・第5章

尾澤重知（おざわ・しげと，早稲田大学人間科学学術院）　第2章

益川弘如（ますかわ・ひろゆき，静岡大学学術院教育学領域）　第2章

大浦弘樹（おおうら・ひろき，早稲田大学大学総合研究センター）　第3章

鈴木栄幸（すずき・ひでゆき，茨城大学人文学部）　第4章

林　一雅（はやし・かずまさ，東京農工大学総合情報メディアセンター）　第4章

山口悦司（やまぐち・えつじ，神戸大学大学院人間発達環境学研究科）　第5章

西森年寿（にしもり・としひさ，大阪大学大学院人間科学研究科）　第6章

八重樫文（やえがし・かざる，立命館大学経営学部）　第6章

仲林　清（なかばやし・きよし，千葉工業大学情報科学部）　第7章

緒方広明（おがた・ひろあき，九州大学基幹教育院）　第7章

舟生日出男（ふなおい・ひでお，創価大学教育学部）　第7章

教育工学選書Ⅱ 第4巻
協調学習と CSCL

2016年11月10日　初版第1刷発行　　　　　　〈検印省略〉

定価はカバーに
表示しています

編著者	加藤　　浩
	望月　俊男
発行者	杉田　啓三
印刷者	坂本　喜杏

発行所　株式会社　ミネルヴァ書房
607-8494　京都市山科区日ノ岡堤谷町1
電話代表　(075)581-5191
振替口座　01020-0-8076

© 加藤・望月ほか, 2016　　冨山房インターナショナル・新生製本

ISBN 978-4-623-07694-9
Printed in Japan

授業研究と教育工学
──水越敏行・吉崎静夫・木原俊行・田口真奈著　A5判216頁　本体2600円

●授業研究とは何か。授業改善と教師の力量形成のために行う授業研究を，現在の日本の動向（研究領域の確立，教師の成長，ICTの活用，大学の授業までの広がり，学校改革，国内外の視点からの見直しなど）をふまえて解説。

教育工学における教育実践研究
──西之園晴夫・生田孝至・小柳和喜雄編著　A5判 224頁　本体2600円

●「自らの教育実践の研究」「他者の教育実践の研究」「実践者と研究者が協働で職能開発をする研究」の3つの視点から，教育実践研究の枠組み，方法と実際を，事例を交えて紹介する。

教育実践論文としての教育工学研究のまとめ方
──吉崎静夫・村川雅弘編著　A5判　224頁　本体2700円

●実際の実践研究に関する論文について，執筆者が実践研究を論文にまとめる際に「強調したかつたこと」「留意したこと」「苦労したこと」などをわかりやすく示す。これから実践研究論文を書こうとしている大学院生や若手研究者，現職教員の参考になることを意図した，論文の書き方／まとめ方。

事例で学ぶ学校の安全と事故防止
──添田久美子・石井拓児編著　B5判　156頁　本体2400円

●「事故は起こるもの」と考えるべき。授業中，登下校時，部活の最中，給食で…，児童・生徒が巻き込まれる事故が起こったとき，あなたは──。学校の内外での多様な事故について，何をどのように考えるのか，防止のためのポイントは何か，指導者が配慮すべき点は何か，を具体的にわかりやすく，裁判例も用いながら解説する。学校関係者必携の一冊。

────── ミネルヴァ書房 ──────

http://www.minervashobo.co.jp/